超図解・新しいマーケティング入門

〝生活者〟の価値を創り出す「博報堂の流儀」

戦略 (STP)

S Segmentation
人を仕分ける

T Targeting
向き合う人を決める

P Positioning
提供する価値を決める

STPの「セグメンテーション」「ターゲティング」

Keyword

STP、セグメンテーション、ターゲティング

マーケティングの戦略を立てる際、まず製品・サービスを通じて価値を届ける相手を明確にします。どのように見定めれば良いのかを見ていきます。

STPの「ポジショニング」

Keyword

ポジショニング、3C分析

自社の製品・サービスによって、相手にどんな価値を提供できるかを考えます。生活者のニーズや競合関係などから導き出します。

ブランディング活動

Keyword

ブランディング、マーケティング3.0、ブランド・パーパス

売れ続けるためには、生活者の共感を得ることが欠かせません。デザインや世界観といった「ブランディング」活動の意義と意味を考えます。

顧客関係性

Keyword

ブランドファネル、ブランド・パーパス・ストーリー、NPS

製品・サービスを提供していくうえでは、顧客と関係性を適切に築く必要があります。最近の顧客ならではの購買行動の特徴も学びます。

Part

1

マーケティング基礎編

Theme → P.022

マーケティング

Keyword

マーケティング、4P、
マーケティングプロセス

マーケティングとは、そもそもどんな存在なのでしょうか。その定義と、実際のマーケティングの進め方を学びます。

Theme → P.032

環境分析

Keyword

SWOT分析

自社の強みと弱みをしっかりと見極めるところから、マーケティングは始まります。現状を整理するのではなく、未来視点で社会の変化を見極めましょう。

Contents

Part 2
デジタルナレッジ応用編

マネジメント

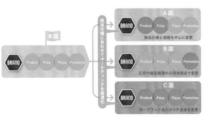

マーケティングマネジメント

Keyword

**マーケティング・マネジメント、
KGI、KSF、KPI**

「環境分析」「戦略」「戦術」といったマーケティングプロセスを効果的かつ効率的に実践するには、きちんとした管理が求められます。

グローバル・マーケティング・マネジメント

Keyword

ローカライゼーション

海外市場も攻略するに当たっては、ヘッドクオーター（本社）と各現地拠点が適切なコミュニケーションを図る環境づくりが欠かせません。

戦術（4P）

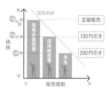

4Pの「プロダクト」

Keyword

商品開発のプロセス、サービス開発、LTV

戦略がしっかりしていても、製品・サービスが魅力的でなければ生活者は手を伸ばしてくれません。モノからコトへ進化する時代には、プロダクト開発も進化しています。

4Pの「プライス」

Keyword

**価格設定（プライシング）、
ダイナミックプライシング、
パーソナルプライシング**

利益を確保しつつ、購買意欲をかき立てる絶妙な値付けが出来れば、売り上げ増を期待できます。最新の「プライシング」を見ていきます。

4Pの「プレイス」

Keyword

チャネル、D2C

製品・サービスをきちんと生活者の元に届けるためのチャネルを設計します。ECの進展などを踏まえて的確に運用するためには、組織体制も見直しましょう。

4Pの「プロモーション」

Keyword

**タッチポイント、IMC、
メディア、マス4媒体、
バーティカルメディア**

販売を促進するためには、様々なメディアを駆使してプロモーションを実施します。タッチポイントごとに、意図した通りのメッセージを届けます。

Part

②

デジタルナレッジ応用編

データ基盤

Theme → P.166

マーケティングデータ

Keyword

ファースト・パーティー・データ、
セカンド・パーティー・データ、
サード・パーティー・データ、
ゼロ・パーティー・データ

デジタル時代のマーケティングは、データとの「正しい付き合い方」を知っておくことが肝要です。まず、どんな種類があるのかを学びます。

Theme → P.174

個人情報保護

Keyword

個人情報

 新しい仕組み[情報銀行]　 新しい技術[統計処理]

生活者のデータをどう取り扱うのか、世の中はとても敏感になっています。透明性のある形で個人情報を保護し、信頼される形で活用しなければなりません。

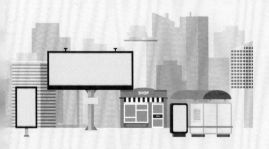

Theme
→ P.194

顧客アプローチ

Keyword

コミュニケーションツール

基盤に蓄積したデータを活用して顧客へアプローチするには、各種コミュニケーションツールとの連携を図る必要があります。

Theme
→ P.204

データ分析

Keyword

データサイエンス

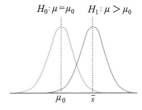

$$H_0 : \mu = \mu_0 \qquad H_1 : \mu > \mu_0$$

$$\mu_0 \qquad \bar{x}$$

データからインサイトを発掘するコツは、活用目的に応じた適切な問いの設定と、適切な分析方法の選択です。

Theme
→ P.186

マーケティング
データ基盤

Keyword

CDP、DMP

マーケティングに関する大量のデータを収集・蓄積するための基盤について学びます。また、基盤のデータ活用の仕方についても見ていきます。

Theme
→ P.216

グローバル・デジタル・
マーケティング

Keyword

デジタルエクスペリエンス

デジタルマーケティングを海外で展開するに当たっては、国や地域ごとの市場環境に即した「体験」の設計が大切です。

Prologue

博報堂マーケティングスクール代表

岡 弘子
Hiroko Oka

→ ある日、「化学反応」が起きた!

「いやぁー、ふぅー。正直なところ、頭の中が"ひっくり返り"ましたよ」

ある日、講師をしているマーケティングスクールの講座が終わると、一人の受講生が私のところに来てこう声をかけてきました。

それがM社のKさん。年齢は40代後半で、営業部門ではかなりの実績を積んで、つい最近マーケティング部門に異動したばかりとのことでした。講座の冒頭、ちょっと顔を斜めにして腕を組みながら、本当に役立つ話が聞けるのか確かめたいのか"どんなもんじゃい"といった顔をしてました。それが最後は一転して、何とも満足そうな顔。

「お客様視点には自信があり、自分の経験と勘を信じてやってきました。でも、先生がおっしゃる生活者発想と言いますか、お客様が本当に欲しいと心が動くということを本気で考えていなかったことがよく分かりました。どう売り込むかばかりを考えていました。流通への交渉や値

引き、競合との差別化とかね。でも気づいたら、お客様の心が置き去りになることもあったように思います。何だか今日は、自分に化学反応が起きたような不思議な感じがします」——。

まくし立てるように話を続けたKさんは、目からウロコが落ちたようでした。

今、この本を手に取られている皆さんは、この世界に足を踏み入れたばかりで右も左も分からない新人マーケターか、もしくは既に業務に携わっているものの改めて基本から学び直したいマーケターではないでしょうか。本著は、まさに皆さんにもKさんと同じような化学反応のような経験をしてほしくて執筆したマーケティングの入門書です。サブタイトルに「博報堂の流儀」とあるように、博報堂の現役トップマーケター21人が、自分たちが持つ知識を余すことなく、しかも最新事情に即した形で伝授したいとの思いが詰まった1冊になっています。

今でこそ「博報堂マーケティングスクール」の代表という立場の私ですが、25年前には皆さんと同じく新人マーケターの一人でした。今でも、初めてコンセプトやデザイン開発をお手伝いした10代向けの新しい乳製品が売れた瞬間は忘れられません。「ネーミング」「パッケージデザイン」「広告」を担当し、その商品が初めて店頭に並んだ日はうれしくて何時間も店頭に張り込んだほど。最初のお客様が、店で商品を手に取ってカゴに入れたときのあの感動は、いつ思い出しても心

がときめきます。

　この〝売れる〞ことは、マーケターという仕事に携わる醍醐味であるのは間違いないでしょう。マーケティング部門で仕事をしている以上、「売り上げ」「原価」「販管費」「営業利益」などの指標が、なかなか頭から離れないのは当然です。

　しかし〝売れる〞ことと〝売り込む〞ことは、本当にマーケターがやる仕事の本質なのでしょうか。結論から言えば、それは間違いです。

　マネジメントの父と言われるピーター・F・ドラッカー教授は、「マーケティングの理想は、販売（セールス）を不要にすることである」と述べています[1]。売れるのはマーケティングの結果であって、マーケティング活動そのものではないというわけです。また、マーケティングの父と呼ばれるフィリップ・コトラー教授も、次のように述べています。「マーケティングとは顧客の未開拓のニーズを発見し満足させることだ」[2]。つまり、生活の中に埋もれているニーズを揺り動かすような「価値」を作ることこそが、マーケティングの仕事の本質なのです。

➔ マーケティング＝「売り込む」ではない

　私も「マーケティングとは売り込むことではなくて、生活の中に新しい価値を創ること」だと、マーケティングスクールの講座で必ずお伝えするようにしていますが、大半の方は最初ぴんとこないようです。

　私がそうお伝えすると、たいてい会場が一瞬シーンとなり、ぴりっと張り詰めたような空気がじわーっと広がっていきます。恐らく心の中でこんな風に思っているのではないでしょうか。「価値って、要は顧客重視で考えるってことだろ、そんなの分かっているよ。それがおいそれとは作れないから今日は来ているんじゃないか。早くその作り方を教えてくれよ……」

　毎回のことなので、こちらも驚きません。で、ここからが講座の山場です。いぶかしがる受講生に対して「ところで、生活の中の新しい価値って何ですか」と質問を投げかけます。すると「品質が良くなることです」「新しい体験です」といろいろな答えが返ってきますので、すかさず「それがあると、本当にお客様に選ばれるのですか」と畳みかけます。

　多くの場合、ここで〝あっ〟と驚いたように受講生の表情が変わります。なぜそうなるのか、読者の皆さんはお分かりになったでしょうか。そう、価値と聞くとつい「品質が良いもの」「新しいもの」と捉えがちですが、最終的に生活者に選んでもらえなければ、品質の改良も新しいサービスの提供も何ら相手の生活において価値になっていない事実に気づくからです。

　では、真の意味での価値とは何でしょうか。実はそれを見つけ出すことこそがマーケターの仕事です。もしかしたら本人すら気づいてい

ない生活の中における未解決な課題かもしれません。それを発掘し、解決する「仕組み」と「仕掛け」というソリューションを用意して生活者に選んでもらうようにすることがマーケティング活動です。重要なのは、その結果として「売れる」という状態がもたらされるだけだということ。決して売り込むことではないのです。私は、そう思っています。

　よくコンサルティング業界では、「ベストプラクティス」というフレーズが飛び交います。成功ケースから抽出した成功のパターン、いわゆる「定石」を指す用語です。マーケティングでも、ベストプラクティスはあります。

　例えば飲料メーカーが商品開発する場合、「ミネラルウオーター」「炭酸飲料」「コーヒー」「紅茶」「お茶」「乳酸飲料」など、先行して成功している企業のヒット商品を参考にするでしょう。それはベストプラクティスです。また顧客獲得・育成やブランディングの一環でホームページを作る場合、成功している競合のホームページを分析して「サービス内容」「実績」「コンセプト」「企業概要」「問い合わせ窓口」「プライバシーポリシー」などの基本構成要素を調べ上げるでしょう。それもベストプラクティスです。

　しかしマーケティングの世界では、ベストプラクティスが分かっただけではスタートラインに立ったにすぎません。同じような商品を作って同じようにアピールしても、知名度の高い先行商品に勝てるわけがあ

りません。皆さんの中にも、似た性能の商品が並んでいたら、ついなじみや信頼のある方を選んでしまった経験はありませんか。

　過去に実施済みのパターンを踏襲している限り、生活の中における「未解決な瞬間」は捕まえられません。生活に入り込む余地が見つからず、成功へ到達することは難しいでしょう。そうならないためにも、「新たに選ばれる理由」として価値の創造が欠かせないのです。

➡ 別解づくりにこだわる博報堂の「変人」たち

　少しだけ、博報堂がなぜマーケティングの世界で長年顧客企業に対して価値を創造し提案できるのかについてお話しさせてください。博報堂の採用・人材育成の方針には、「粒ちがい」と「チーム文化」というのものがあります。一人ひとりの個性（粒ちがい）を重視しながらも、それが多層的に有機的につながっていく環境（チーム文化）を大切にしているのです。

　入社以来「生活者発想とクリエイティビティー」をたたき込まれ、自分の目を〝解脱〟して相手の視点に入り込み、生活者の暮らしを360度から24時間見られる力が鍛えられます。だからこそ未解決の課題に気づき、いまだにない解決策を実現する「仕組み」と「仕掛け」をひねり出せると言っていいでしょう。このトレーニングをほぼ全社員が経験しているからこそ、生活者の新たな価値を創出できるのだと思います。

　私が長年この会社を離れられないのは、生活の中での未解決な瞬間を捉えることができる、いい意味での「変人」がたくさんいるからに他なりません。物事を見る視野が広く、〝予想外〟な解決視点を持つ力のあるマーケターがごろごろいるのです。

　粒ちがいの変人ばかりなのに、きちんとチームで動く強みがよく表れているのが、通称「オリエン返し」と呼ばれる社内会議でしょう。マーケティング支援を請け負う時に、商品やサービスについてオリエンテーションを顧客企業から受けると開かれる、戦略や施策アイデアをチームで考える会議です。そこでは、「顧客企業の事業成長を本気で考えたとき、本当にそれでいいんだろうか。真の課題はどこなんだろう」という質問がひっきりなしに飛び交い、2パターンの提案をまとめます。一つは、既定路線にきっちり沿った正解のような提案なのですが、実はもう一つは依頼されてすらいない「別解」も考えます。

　なぜわざわざ別解も出すかといえば、顧客企業自身も気づかない未解決な課題が得てして隠れているからです。玉砕することもありますが、「なるほど」と耳を傾けてくれたり、「そんな問題はない」ともめにもめて最後は納得いただいて「このブランドをここまで考えてくれたのは初めてだ」と手を握って感謝されることもしばしばあります。

　冒頭で博報堂の流儀があるとお伝えしましたが、〝変わったこと〟を考えぬいて実行することが大好きなマーケターたちの「変人力」、格

好良く言えば「クリエイティビティーを発揮する力」がそれを支えていると言えます。デジタル技術が発達している世の中であっても、予想外な解決視点が持てるのはヒトだからこその強みなのです。

➡ 「新しい教科書」を携えて未来へ踏み出そう

　本著の執筆陣は、正解に加えて別解づくりにたけた21人のトップマーケターです。全員と話し合って決めたのは、次の時代を担っていくマーケターたちに、ぜひ「新しいマーケティング」の姿を丁寧かつコンパクトにお伝えしようというものでした。何も過去のマーケティング理論を否定し、はやりの目新しいことを取り上げるわけではありません。現場に立ち続けるトップマーケターだからこそ分かる「新しい視点」「新しいテクノロジー」「取り組む上での新しい視座」を持って、マーケティング理論を最新版にアップデートしたいのです。

　現在、環境分析はどんな視点が必要になっているのか、ブランドはどんなフレームに変わってきたのか、デジタルマーケティングでは効率化の先にどんな価値を目指すべきなのか——。これからマーケティング活動に携わる全ての人々に求められるであろうエッセンスが凝縮されていますので、最後まで読めばどなたでも"生きの良い"新しいマーケティングの姿が展望できるはずだと確信しています。

　名経営者と呼ばれる方であっても、事あるごとに経営やマーケティ

Prologue

ングの教科書を読み返して勉強し直すそうです。激変するDX（デジタルトランスフォーメーション）環境の中、次々と新しい戦術を打ち出すことが求められる経営者でさえ、今何を考えるべきか整理するのに教科書が役立つというわけです。

　本著も、悩めるマーケターがもし日々の業務の中で進む足を止めざるを得なくなったときに一度考える視点を求めて開くと、何度でも新しい気づきが得られるような書籍として役立ててほしいと願っております。

　マーケティングの世界に足を踏み入れた以上、ぜひ「未解決の瞬間」をどんどん探してみてください。そして、自らの手で解決していってください。明日が今日よりもっと幸せになる――。世界のあちこちで、皆さんが新しいマーケティングを実践して成功することを楽しみにしています。

　最後に、本書出版に当たり、日経BP社日経トレンディの髙田学也副編集長、インフォグラフィックスを生み出した博報堂アートディレクターの髙橋哲久さん、博報堂マーケティングスクール編集部の武村絵里さん、山田まゆ子さん、岡本まりさん、井上宏之さん、そして21名の〝粒ちがい〟の博報堂の仲間たちに、心から愛と感謝を送ります。

※1　『マネジメント―基本と原則』（ピーター・F・ドラッカー著、ダイヤモンド社）
※2　『コトラーの戦略的マーケティング―いかに市場を創造し、攻略し、支配するか』（フィリップ・コトラー著、ダイヤモンド社）

本書の読み方

　本書は、博報堂マーケティングスクールが考える「新しいマーケティング」を体系化し、マーケティング戦略と戦術を考えるフロー図（目次ページ参照）に沿って読み進めることで、知りたいテーマについて項目ごとに5分で学ぶことができます。前半のPart1「マーケティング基礎編」ではマーケターとして最低限身に付けておくべき基本を紹介し、後半のPart2「デジタルナレッジ応用編」では最新のデジタルマーケティングへの理解を深めます。

　各項目では、そのテーマに関連するマーケティングの重要キーワードをリストアップしたほか、重要キーワードのベーシックな知識が瞬時に頭へ入る図（「Basic」のロゴが付いています）や、博報堂のマーケターが実践の中で見いだした新しい知識が早分かりできる図（「Point」のロゴが付いています）が並んでいます。

　項目の最後には、執筆した担当者が新任マーケターのみなさんに向けて、実務を経て得たアドバイスをメッセージとして掲載しています。マーケターとしての〝心得〟は仕事ではとても大切ですので、ぜひ参考にしていただけると幸いです。

　テーマごとの読み切りですので、初めから順を追って読んでも良いですし、フロー図を眺めてみて、「ここが悩みどころ」と思うキーワードのあるページを開いても良いでしょう。何度も本書を開いていただければ、マーケティングの知識と実践のポイントが体系的に頭の中に構築されていくはずです。

博報堂マーケティングスクールとは

2015年に、「生活者発想で、変革するマーケターを育成する学びの場」として開校。「生活者発想」を企業フィロソフィーとしてきた博報堂の現役マーケターによるインタラクティブで、実践的な講義を中心とする。対象は、エグゼクティブから大学生までと幅広く、多様なプログラム体系を持つ。東京でスタートし、現在は関西、中部、九州へ拡大。オンライン講座もスタートし、2020年現在、受講者数は3500名を超える。

特長

☐ 生活者の変化の兆しに気づく力を磨く
☐ 事業のトップライン向上と、
　　収益を強化するマーケティング計画を構築するスキルを高める
☐ 過去の成功事例にとらわれず、
　　社内外で変革を進めていく推進力を体得する

主なプログラム

☐ マーケティングの基本やデジタルマーケティングを学ぶ基礎コース
☐ スキルを鍛える生活者発想転換、
　　デザインシンキングなどの各種トレーニング
☐ プロジェクト推進力を高めるための
　　ファシリテーションやプレゼンテーション講座

※詳しくはホームページ（https://www.hakuhodo.co.jp/marketingschool/）をご覧ください。

Part

1

マーケティング
基礎編

そもそもマーケティングは どのような役割を果たすのか

マーケティングの世界は今、新しいステージに移行しています。よく知られている従来のマーケティングの「常識」だけでは、消費者の心を揺さぶり買ってもらえるような商品・サービスを生み出すことは難しくなりつつあります。実務経験に基づいて、「新しいマーケティング」の姿に迫ってみようと思います。

マーケティング
何を作って、いくらで、どこで、どう生活者に提供するかを計画・実施すること

4P
4大基本要素「プロダクト」「プライス」「プレイス」「プロモーション」のこと

マーケティングプロセス
「環境分析」「戦略」「戦術」「マネジメント」で取り組むマーケティングの進め方

マーケティングと4P

米ハーバード大学経営大学院のマイケル・ポーター教授が提唱したバリューチェーン（価値連鎖）を編集した図。企業活動においてマーケティングとは、事業戦略に基づいて「何を作って、いくらで、どこで、どのように生活者に提供するか」というプロセスを担う。そのために「プロダクト」「プライス」「プレイス」「プロモーション」の「4P」が必要になる

まず、マーケティングはどのような役割を担っているのでしょうか。知らないことを聞けるのは新人マーケターの特権ですから、ぜひ先輩や同僚に勇気を出して、「マーケティングって何ですか」と聞いてみてください。

答えがバラバラでも気にする必要はありません。私たちも日々、企業と接している中で、マーケティングが意味するものが企業によって異なっていると感じています。マーケティング本来の定義と関係なく、"マーケティング"という名称が付いた組織が担っていることがその企業におけるマーケティングと定義されていることが多々あります。結果として、広告や販売促進だと理解されたり、商品の企画や調査だと理解されたりしています。

➡ 生活者の価値を創造し、市場において交換する

図は、米ハーバード大学経営大学院のマイケル・ポーター教授が提唱したバリューチェーン（価値連鎖）※1を編集したものですが、これを見れば企業におけるマーケティングの位置付けが一目で分かるのではないでしょうか。企業活動においてマーケティングとは、事業戦略に基づいて「何を作って、いくらで、どこで、どのように生活者に提供するか」というプロセスを担っています。

そのためマーケティングは、4P（「プロダクト」「プライス」「プレ

イス」「プロモーション」）だといわれます。4つのPを組み合わせて（マーケティングミックスと呼ぶ）、「生活者にとって価値を創造し、市場において交換するプロセス」とマーケティングは定義できるのです。

　特にプロダクト（製品開発）がマーケティングに含まれている点に注目してください。マネジメントの父と呼ばれるピーター・ドラッカー氏が「マーケティングは、企業に特有の機能である」と言っているように[2]、その企業ならではの価値を創るのがマーケティングです。

　想像するよりも、マーケティングが広範な役割を担っていると皆さんは感じたのではないでしょうか。

　特に日本企業は、歴史的に研究開発部門と販売部門が強く、依然として「良いものを作って安く売れば、成功する」と考えるところが多いようです。製品開発の機能がマーケティング部門の傘下に置かれることは少なく、そもそもマーケティング部門が存在しなかったり、マーケティング部門があったとしても広告や販売促進など限定的な役割を担っていたりします。

　米プロクター・アンド・ギャンブル（P&G）出身で現在「刀」代表取締役CEO（最高経営責任者）の森岡毅氏は著書において、日本はマーケティング発展途上国だと指摘しています。「技術ドリ

ブンな会社では、商品開発がマーケティング戦略を支配する本末転倒な構造すら珍しくありません」（森岡氏）[3]

　しかしながら、多くの暮らしの不便が解消され、製品やサービスの機能的な〝差〟を生活者が知覚しにくくなってきました。企業からも、「こん身の新商品が思った以上に売れない」「性能は良くても、値引きしないと買ってもらえない」といった声が以前より多く聞かれるようになっています。私たちが行った調査では、多くの製品カテゴリーにおいて、80％以上の生活者が現在使っている製品の性能や効果に満足していました[4]。ますます、〝技術起点のバケツリレー〟では通用しない時代になっていくでしょう。

● これからは企業活動の中核機能になる

　技術力だけでは差異化できなくなり、今後は事業やブランドの存在意義（ブランドパーパス）や体験価値（ブランドエクスペリエンス）を消費者は重視するようになるでしょう。既にマーケティングの重要性を理解している企業では、製品やサービスの開発から生活者とつながってアフターサービスに至るまでの一連の活動をリードするように、マーケティング部門の位置付けを変化させています。マーケティングが企業をリードする中核機能として位置付けられるようになってきたのです。

マーケティングは企業活動の中心になる

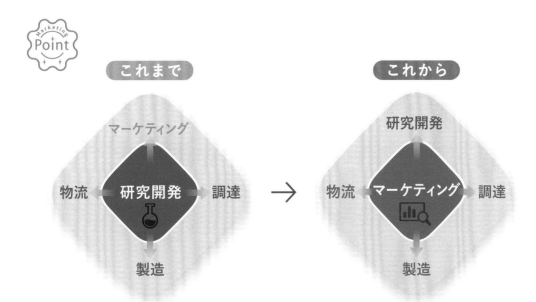

企業活動の中核は、「研究開発」から「マーケティング」へ

マーケティングの重要性を理解している企業は、マーケティング部門の位置付けを変化させている。製品やサービスの開発から生活者とつながってアフターサービスに至るまでの一連の活動をリードするため で、企業の中核機能の役割をマーケティングに担わせるようにしている

　日本でもようやく、CMO（チーフ・マーケティング・オフィサー）が経営職として任命され、マーケティング専門家が経営者として活躍する例が出てきています。

　今や空前のイノベーションブーム。技術だけでは違いをつくれない時代には「新しい価値を創造するなら、マーケティングではなくイノベーションに取り組むべきではないか」と思う方がいらっしゃるかもしれません。しかしマーケティングは、「生活者にとっての価値を創造し、市場において交換するプロセス」ですから、本来的にはイノベーションに他ならないのです。

　様々な企業が最近新規事業開発部門やイノベーション部門を設置していますが、それはマーケティング部門が既存製品の販売で精いっぱいになっており、イノベーティブな価値創造に取り組めていないからかもしれません。マーケティング部門の皆さんの奮起が期待されるところですね。

● マーケティングプロセスは4ステップで進める

　では、どのようにマーケティングを進めればよいのでしょうか。多くの企業においてマーケティングは、「（1）環境分析」、STP（セグメンテーション、ターゲティング、ポジショニングの頭文字をとったもの）を考える「（2）戦略」、「（3）戦術」、そして「（4）マネジメント」

マーケティングプロセス

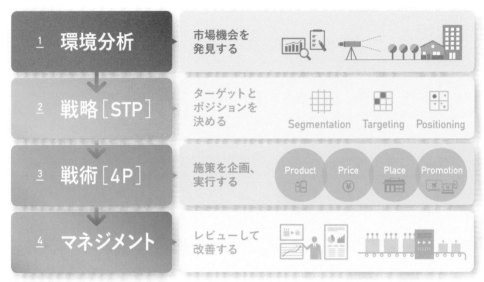

マーケティングは、「(1)環境分析」、STP(セグメンテーション、ターゲティング、ポジショニングの頭文字をとったもの)を考える「(2)マーケティング戦略」、「(3)戦術」、そして「(4)マネジメント」という4段階のプロセスで行われることが多い

という4つのステップでプロセスが行われます。なおSTPは、マーケティングの4Pを設計する上で欠かせない戦略的な要素です。

※1　企業が価値を創造する仕組みを機能ごとに分類して分析する手法。『競争優位の戦略—いかに高業績を持続させるか』（マイケル・ポーター著、ダイヤモンド社）を参照
※2　『ドラッカー名著集2　現代の経営［上］』（ピーター・ドラッカー著、ダイヤモンド社）
※3　『マーケティングとは「組織革命」である。　個人も会社も劇的に成長する森岡メソッド』（森岡 毅著、日経BP）
※4　博報堂「生活者のマーケティング意識」調査（2018年10月実施）

1 マーケティングを「販売促進」など
狭義に捉えるべきではない

2 生活者の価値を創造し、
市場で交換するプロセスだと理解しよう

3 マーケティングは企業活動をリードする
中核機能になっていく

先輩マーケターからの
アドバイス

マーケティングは、"できてしまった製品"を売り込む活動で
はなく、より良い社会にするために、また生活者の暮らしを
良くするために、新しい価値を創造する活動です。マーケ
ティングの全体像をつかむのは簡単ではないかもしれませ
んが、熱い志を胸に、視野を広く、視座を高くもって、マーケ
ティングに取り組んでいきましょう。

土屋 亮
Ryo Tsuchiya

博報堂　プラニング局長
エグゼクティブマーケティングディレクター

自社の強みと弱みを探る
5年後の未来も見立てよう

マーケティングプロセスのファーストステップが、「環境分析」です。自社が置かれている環境変化を正しく理解した上で事業戦略やマーケティング戦略を考えるためにも、避けては通れません。正しく環境分析ができれば、課題設定がスムーズになり、効果的なマーケティング戦略立案も可能になります。

SWOT分析

マーケティングプロセスの起点となる環境分析のためのフレームワーク

SWOT分析

外部環境と内部環境を4要素で整理するフレームワーク

「マクロ環境（政治、経済、社会、技術）」「ミクロ環境（市場、生活者／顧客、競合）」などを指す外部環境について、「機会（オポチュニティーズ）」「脅威（スレッツ）」を分析する。また、そして「経営資源」「自社の強みと弱み」「企業文化」などを指す内部環境についても、「自社の強み（ストレングス）」「自社の弱み（ウィークネス）」の4要素を使って、分析する

　新人マーケターは、先輩に次のようなことをつい言われてしまいがちではないでしょうか。「君、これは単なる整理で、分析になっていないよ」「残念。誰もが知っていることだらけで、発見が少ないなあ」

　ベテランのマーケターが必ず持っているものこそが、環境分析の視点です。昨今市場環境は複雑化していますから、マーケティングプロセスの起点となる環境分析がますます重要になっています。

　では具体的に、どのような環境を見ていくべきでしょうか。企業の経済活動全ては、常に環境の影響を大きく受けています。規模の大小にかかわらず、市場や顧客からの影響をくみ取らない限り、モノもサービスも売ることはできません。そこで、初期の段階では「外部環境」と「内部環境」の2つに分けて分析するのが一般的です。

　外部環境とは具体的に、「マクロ環境（政治、経済、社会、技術）」「ミクロ環境（市場、生活者／顧客、競合）」などを指します。もう一つの内部環境は、「経営資源」「自社の強みと弱み」「企業文化」などを指します。

➲ 追い風は吹く? 自社の強みは何?

　外部環境と内部環境を整理するフレームワークとして、よく知ら

れているのが「SWOT分析」です。

外部環境である「機会（オポチュニティーズ）」「脅威（スレッツ）」、そして内部環境である「自社の強み（ストレングス）」「自社の弱み（ウィークネス）」の4つを分析するものです。4つの頭文字を取ってSWOTと呼ばれます。外部環境の機会という単語が分かりにくければ「追い風」と考えてください。もう一つの脅威が分かりにくければ「向かい風」、もう少しかみ砕くなら「トレンド」「ブーム」「社会潮流」と捉えると分かりやすいでしょう。

SWOT分析を考える際には、まず外部環境を広く見た上で、次に自社の良い点と悪い点を考えるという順序で進めると効率的だといわれています。自社の強みや弱みが外部環境に大きく影響を受けるからです。

例えば自動車業界を例に見てみましょう。高齢者ドライバーの事故増加や若者の車離れなどの懸念（外部環境）が考えられます。ですから、事故の増加や若者対策に対応した商品やサービスを自社が何か持っていないか調べてみれば、強みや弱みを考えやすいでしょう。

ただしSWOT分析のフレームワークは取り組みやすい半面、それぞれの"マス"を埋めるだけの整理で終わってしまったり、誰もが知ることばかりで発見のない結果を導いてしまったりしがちなこ

とに注意が必要です。市場の境界線が曖昧になり、1つの産業の既存ビジネスだけで成長するのが難しくなってきているからです。

　現在の情報を整理するだけでは駄目で、意思や世の中への見通しがなければ思考は広がりません。もちろん、戦略にもつながらないのです。

➔ 今までの強みは将来まで通用し続けるか

　では、これからは分析の視点をどう変えるべきでしょうか。マーケティングは「生活者にとっての価値を創造し、市場において交換するプロセス」と定義できます。つまり新たな価値を創造する際には、現在の市場環境を想像するだけでは真の分析とは言えないのです。

　例えば、5年後に自社のブランドはどう成長しているか考えてみましょう。その場合、SWOT分析で現状整理するだけでは足りないことに気づくはずです。現在の環境を整理した上で、5年後の未来をどのように見立てるべきか。そして、自社を取り巻く争点や〝ものさし〟はどう変わるのか。さらに、5年後も今の強みは強みのままであり続けるのか——。「未来の見立て」を起点とした、環境分析が必要になってくるわけです。

　つまり、現在だけではなく、想定する未来における社会の変化

環境分析は未来視点で行う

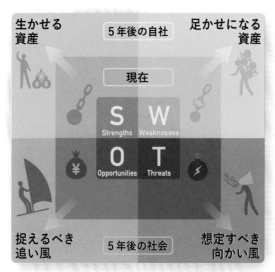

5年後を見立てた分析が重要

現在の環境を整理した上で、5年後の未来を見立てる。想定する未来における社会の変化の兆しをいち早く捉えれば、未来に向けて今から取り組むべき課題設定が見えてくる。未来に目を向ければ、視野が一気に広がる

の兆しをいち早く捉えましょう。自社の資産と掛け合わせれば、必ずや未来に向けて今から取り組むべき課題設定が見えてくるはずです。

　未来に目を向ければ、視野が一気に広がります。自動車業界に関わるのであれば、「移動」という視野で全てを捉え直す必要があるでしょう。今まで強みが商品の品質や販売網だったとしても、これからは、シェアリングエコノミーを踏まえたサービスの設計や他社とのネットワーク力が求められることに気づくかもしれません。

　スーパーマーケット業界に関わる人も同じです。未来の環境を見立てると、スーパーにただ買いに来てもらえばよいという視点ではなく、家庭用食材をどのように自宅に届けるかが争点だと捉え直せるかもしれません。商品の調達力や店舗立地の争いを踏まえて、「配達スピード」「配送の仕組み」の戦いに今後なるであろう事実に気づくことができれば、新たな課題やビジネスチャンスが見えてくるかもしれません。

　このように未来視点で環境分析をすることは、おのずと自社の産業や提供価値を見直すことになるのです。

　例えばあるメーカーは、医療や化粧品にビジネスを拡大した際、徹底的な未来視点による環境分析によって見立てたおかげで有効活用できる自社の資産（強み）を見つけることができました。

自社の強みの探し方

自動車市場 →「移動」市場

- サービス設計、他社とのネットワーク力
- 製品の品質、販売網
- 強み Strengths
- CASE 1

スーパーマーケット市場 →食物「配送」市場

- 配送スピード、配送ネットワーク
- 商品調達力、店舗立地
- 強み Strengths
- CASE 2

未来視点で環境分析すれば、自社の強みを見直せる

未来視点による環境分析の仕方を、自動車業界やスーパーマーケット業界を例に示した。求められるものや争点を捉え直す。そこから浮かび上がる事実に気づくことができれば、新たな課題やビジネスチャンスがおのずと見えてくるはずだ

おかげで新たなビジネスチャンスをつかんだといわれています。

　市場は固定的ではなく、未来の自社の強みをつかむことで〝隣〟の市場へ展開できる余地も見つかるでしょう。逆に、今まで強みだと思っていたことが未来環境を見据えたときに全く通用しなくなることが分かる場合もあるでしょう。環境分析では、自社資源のリスクを見極めることも必要なのです。

　ぜひとも皆さんも一度、自社の未来環境がどう見立てられるかやってみてください。そこにはどんな生活が待っているのでしょうか。きっと、マーケティング部門に配属されたばかりの皆さんのフレッシュな見立てを先輩も期待しているでしょう。

Check

1 環境分析は「外部環境」と「内部環境」の
2つに分けて行う

2 例えば、5年後に自社のブランドは
どう成長しているかを考えよう

3 今までの強みが通用しなくなるなど
自社資源のリスクも見極める

**先輩マーケターからの
アドバイス**

若い頃、仕事を"回せている"といい気になっている自分が
いました。その後、伸び悩んだ期間が続きました。若い時
は、自分の強みや弱みから逃げずに取り組んでもらいたい
です。強みや弱みが見えてきた皆さんは、ぜひ未来の自分
の見立てを考えてみてください。きっとあなたの価値を高め
るチャンスが見えてくると思います。

古賀 晋
Susumu Koga

博報堂　プラニング局部長
シニアストラテジックプラニングディレクター

どんな生活者と向き合うか
時間軸を加味して考える

SWOT分析で自社のマーケティング環境を見立てたら、次にやるべきことはマーケティング戦略の立案です。「セグメンテーション」「ターゲティング」「ポジショニング」というステップで実施します。この3ステップは、英語の頭文字を取って「STP」と呼ばれています。まず、セグメンテーションとターゲティングを学びます。

Keyword

STP
「セグメンテーション」「ターゲティング」「ポジショニング」で行う戦略の立案手法

セグメンテーション
ある基準に従って人を仕分けること。仕分け方には様々ある

ターゲティング
一体どんな生活者と向き合い、どんな価値を提供するかを決めること

STP

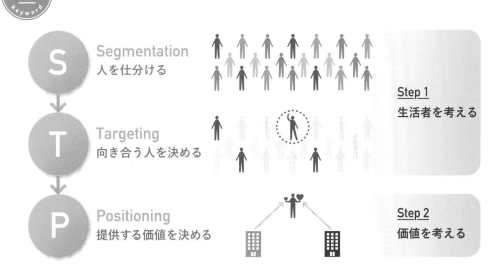

「生活者を考える→価値を考える」という2ステップ

STPは本来3ステップだが、2ステップで考えると分かりやすい。セグメンテーションとターゲティングのステップは「生活者を考える」ステップとしてワンセットで行い、ポジショニングでは「価値を考える」ようにする

　3ステップで語られることが多い「STP」ですが、実はざっくり2ステップで考えると分かりやすいです。セグメンテーションとターゲティングのステップは、まとめると「マーケターが担当する商品やサービスが、どんな生活者と向き合うか」を決めるステップです。どんな生活者と向き合うかが決まったあと、ポジショニングのステップで「マーケターが担当する商品やサービスがどんな価値を提供するか」を決めます。

　つまりSTPは、「生活者を考える」ステップと「価値を考える」ステップで構成されるわけです。ここでは、前半の生活者を考えるステップにフォーカスします。

●「人を仕分けること」から始まる

　マーケターが、自分が担当する商品やサービスがどんな生活者と向き合い、価値を提供すべきかを決めることを、ターゲティングと呼びます。向き合う相手に照準を合わせるからです。あたかも銃で狙い撃つような表現なので、この言葉を嫌うマーケティング担当者も少なくありません。

　向き合う生活者を決めることは、同時に「向き合わない生活者」を決めることでもあります。ですからターゲティングの前には、「人を仕分ける」プロセスが必要になります。この人を仕分ける

セグメンテーションとターゲティング

セグメンテーション

	デモグラフィック		
行動・心理	1	2	3
	4	5	6
	7	8	9

特定の条件を組み合わせ、生活者を仕分ける
上記図では9タイプに仕分けている

ターゲティング

	デモグラフィック		
行動・心理	1	2	ターゲット
	4	5	6
	7	8	9

仕分けた人の中から、自社が向き合う生活者を
決める。上記図では「タイプ3」を選択

担当する商品やサービスが、どんな生活者と向き合うかをこのステップで決める。人の仕分け（セグメンテーション）の後、向き合う人に照準を合わせる（ターゲティング）

プロセスこそ、STPのトップバッターを飾るセグメンテーションの役割です。

　察しのよい読者の皆さんはぴんとくるでしょう。ターゲティングの良しあしは、このセグメンテーションで決まるといっても過言ではありません。

　では、セグメンテーションはどうやって行えばよいのでしょうか。ここでは、いったんB2C（企業・個人間取引）ビジネスを前提に話を進めます。マーケティングの父と称されるフィリップ・コトラー氏は著書[1]の中で、「セグメンテーション＝人の仕分け方」として次のような基準を挙げています。

　一つが「年齢や性別」「ライフステージ」「所得」「居住地域」といった「デモグラフィック（人口統計学的属性）」。他に、ある商品の購入経験や利用シーン、利用頻度といった「行動属性」や、ライフスタイルや性格が含まれる「サイコグラフィック（心理学的属性）」を代表的な基準としています。

　実は最近、こうした従来型のセグメンテーション基準がうまく機能しないことがあります。データ・ドリブン・マーケティングが一般化する中で、データを基に顧客分析をしてみると、「あらゆる年代の生活者が自社商品を購入していた」ケースが少なくないからです。自社商品を購入した人について、年齢や性別があまり関係な

人の仕分け方

デモグラフィック	年齢	ライフステージ
	性別	職業
	所得	他
行動属性	商品使用状況	商品購入重視点
	商品ロイヤルティー	商品使用シーン
	商品購買準備段階	他
サイコグラフィック	性格	興味や関心事
	趣味	人生観
	ライフスタイル	他

フィリップ・コトラー氏は、「デモグラフィック（人口統計学的属性）」「行動属性」「サイコグラフィック（心理学的属性）」の3つが代表的なセグメンテーションの手法だと提唱している

いというわけです。同じような現象が、皆さんの周りでも起こっていませんか?

　理由を考えてみましょう。フランスの思想家ジャン・ボードリヤール氏が説いたように※2、かつては消費とデモグラフィックの関係性は今よりも濃厚なものでした。「結婚したら」「子供が生まれたら」「出世したら」といったライフステージの変化によって、消費するものも一緒に変わりました。広告会社も、この価値観に沿ってプロモーションを行ってきました。

　しかし2020年代より少し前から、生活者のライフスタイルや消費行動は多様性のある姿へと変わり始めました。オジサンは子供の頃から好きなお菓子を大人になっても買うようになり、独身時代と変わらない〝攻め〟の化粧やファッションを好む子育て中のお母さんも増えました。このように、デモグラフィックをはじめとした古典的な基準が、現在は必ずしも機能しないのです。

● ニーズ起点でセグメンテーションしよう

　では、どんな基準を活用すればよいのでしょうか。マーケティングデータを活用しながら、多種多様な生活者を「ニーズ」で仕分けてしまうことにそのヒントがあります。フィリップ・コトラー氏の言うように、マーケティングとは「生活者や社会のニーズを見極める

ニーズ視点でターゲティングする

これまで

静的なグリッド型

デモグラフィック属性の条件と行動属性の条件
によるターゲティング

→

これから

動的なニーズマップ型

成長率と自社シェアによるターゲティング

生活者のライフスタイルや消費行動が多様になり、デモグラフィックをはじめとした古典的な基準が必ずしも機能しない。むしろ刻々と変化するニーズそのものを起点にして、人に "動的" にセグメンテーションしてしまう方が的確にターゲティングしやすい

こと」です。だとすれば、いきなりニーズ起点で人を〝動的〟にセグメンテーションしてしまった方が早いのです。

　ニーズ起点のセグメンテーションは、時間軸を加味するとさらに威力を発揮します。「ここ数年、大きく成長しているニーズはどれか」「今後も成長が見込めるニーズを取りこぼしているので、このニーズを狙おう」……。時間軸を踏まえると、ターゲティングに関する議論が自然と盛り上がります。環境分析と同様、時間軸を加味した動的なプランニングは、意思決定の質と効率を上げるのです。

※1 『コトラー＆ケラーのマーケティング・マネジメント基本編 第3版』（フィリップ・コトラー、ケビン・レーン・ケラー著、丸善出版）
※2 『消費社会の神話と構造 普及版』（ジャン・ボードリヤール著、紀伊国屋書店）

Check"

1 STPでは、セグメンテーションと ターゲティングをひとまとめで行う

2 ターゲティングの良しあしは セグメンテーションの仕方で決まる

3 ニーズ起点で動的にセグメンテーション した方が今の時代に合う

先輩マーケターからの
アドバイス

結果を出すマーケティングは、面倒臭くて、人間臭いやりとりから始まります。これまでのマーケティングに対し「何で? 本当? おかしい!」とつっこみ、潤滑油となるユーモアも交えながら「これまでと違うマーケティング」を皆で考え実行する…。このプロセスを面白がることが、マーケティングを楽しむ秘訣だと思います。

北畑 亮
Ryo Kitahata

博報堂　プラニング局部長
チーフマーケティングプラニングディレクター

競合には提供できない価値 それは批判精神で導き出す

STPの前半であるセグメンテーションとターゲティングで「向き合う生活者」と「向き合うニーズ」が決まりました。STPの仕上げは、後半のポジショニングです。このステップでは、「マーケターが担当する商品やサービスがどんな価値を提供するか」を決めます。

ポジショニング

競合にはないユニークな提供価値を決めること

3C分析

「カスタマー」「コンペティター」「カンパニー」で行う戦略立案フレームワーク

ポジショニング

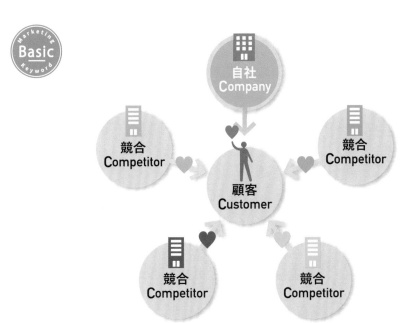

競合各社の商品やサービスがひしめく市場で顧客に対して、マーケターが担当する自社商品やサービスが提供する価値を決める

　"S"と"T"で見つけたニーズ市場には、競合各社の商品やサービスがひしめいています。そこで提供する価値を決めるには、市場にいる顧客と、マーケターが担当する自社商品やサービスに加えて、競合も考慮する必要があります。厳しい競争環境の中で、競合にはないユニークな提供価値を決めることを「ポジショニング」と言います。いうなれば、向き合う顧客に対して独自の立場を決めるのです。顧客に対しての立場や立ち位置を決めることから、ポジショニングと呼ばれると覚えれば身近に感じられるのではないでしょうか。

● 立場を考えるとっておきの「道具」がある

　では、そもそも立場はどうやって考えればよいのでしょうか。戦略立案を支援する有名なフレームワークとして、「3C分析」というものがあります。

　「カスタマー（顧客）」「コンペティター（競合）」「カンパニー（自社）」の3つの頭文字を取ったマーケティング用語です。立場を考える上では、3Cの活用が実に重要です。

　一般的に3Cは、外部要因である顧客と競合の分析から自社の勝ち筋を探索するフレームワークとして活用されています。しかし使い方次第では、ポジショニングを考える道具としても生かせま

3C分析

**顧客
Customer**

顧客は
どんなニーズを
持っているか？

**競合
Competitor**

競合は顧客に
どんな価値を
提供しているか？

**自社
Company**

自社は顧客に
どんな価値を
提供できるか？

「カスタマー（顧客）」「コンペティター（競合）」「カンパニー（自社）」の視点から、外部要因である顧客と競合の分析から自社の勝ち筋を探索するフレームワーク。ポジショニングを考える道具としても生かすことができる

す。

　3Cを考える際、「顧客」「競合」「自社」の3点を結んだシンプルな三角形を書くのですが、書き方一つで顧客に対する自社の立場は変わります。私がこれまで見てきた3Cの形には、大きく2つのタイプがありました。

　1つ目は、「上から目線の3C」。自社を三角形の頂点に位置付け、顧客と競合を見下ろす構図です。外部要因から考えるのでなく内部要因、つまり自社都合を最優先して、提供価値を考えるタイプです。

　顧客や競合を無視し、自社の既存技術などといった内部要因に縛られた提供価値ですから、端的に言うと顧客軽視の傾向になりがちです。どんなに価値を提供しようと、顧客に対する自社の立場は常に上から目線。ニーズと向き合うマーケティングではなく、自社都合で売りたい商品を押し売りする〝セリング〟と言えるかもしれません。こうしたことから、激しい競争環境下で成果を出すことは容易ではありません。

　2つ目が、「下から目線の3C」です。顧客を戦略立案の起点とし、顧客のニーズに対して競合が満たせていない未充足のニーズへの寄り添い方を検討します。未充足ニーズに対して、自社が独自に提供できる価値はないかを考え抜くやり方です。

2種類ある3C

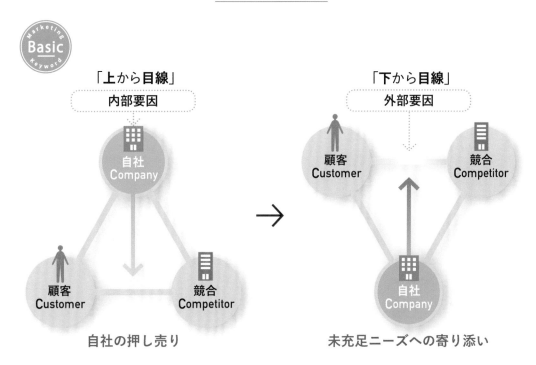

「**上から目線**」
内部要因

「**下から目線**」
外部要因

自社の押し売り

未充足ニーズへの寄り添い

3Cには、自社を三角形の頂点に位置付け顧客と競合を見下ろす「上から目線の3C」と、顧客を戦略立案の起点とし顧客のニーズに対して競合が満たせていない未充足のニーズへの寄り添い方を検討する「下から目線の3C」がある

　顧客と自社の位置関係は、「上下」になります。下から目線に立って、「私たちはこのお客さんと向き合って、こんなにユニークな価値を提案するんだ」と立場を決めます。つまり〝セリング〟ではなく、マーケティングを志向している、と言えるでしょう。

→ もう一つの「C」で動的なポジショニングを

　下から目線の3Cで検討するマーケティング担当者は、さらに4つ目のCまで意識することが多いようです。

　4つ目のCとは、通り一遍の未来予測に対する「クリティカルクエスチョン（批判的な問い）」のこと。「競合各社は、××のような未来を見立てているが、本当にそれでいいのか」との問いを果敢に立て、「私たちはもっと○○な未来を見立てる。だからこんな価値を提案するんだ」と考えます。時間軸を加味して立場を決めるので、いわば動的なポジショニングと言えます。

　批判精神を伴って未来を見立てたおかげで、マーケティング戦略の独自性と競争力が格段に向上したケースを、私はこれまでたくさん見てきました。では未来に対する自社ならではの〝見立て〟は、どうすれば獲得できるのでしょうか。

　ここで言う見立てとは、いわば企業独自の社会観や人間観といった「哲学」だと言えます。先進的な企業のマーケティング担当

4つめの〝C〟で未来を予測する

顧客
Customer

顧客は
どんなニーズを
持っているか？

競合
Competitor

競合は顧客に
どんな価値を
提供しているか？

自社
Company

自社は顧客に
どんな価値を
提供できるか？

未来への批判的な問い
Critical Question

競合にはない「未来」を見立てるべきではないか？

通り一遍の未来予測に対する「クリティカルクエスチョン（批判的な問い）」を立てること
で、時間軸を加味して動的に立場を決める

者は、経営層と目線を合わせながら、企業哲学を更新しようと奮闘しています。企業哲学の更新に向けて、「これからの時代における自社／自社商品の存在意義（パーパス）は何なのか」と考えることが重要視されています。

1 ポジショニングは3Cの
「顧客」「競合」「自社」の視点で行う

2 未充足ニーズに対して
提供できる価値を "下" から考え抜こう

3 批判精神を伴う「自社ならではの
未来の見立て」に挑戦しよう

先輩マーケターからの
アドバイス

マーケティング戦略の立案は誰のものでしょうか。社内の偉い人など「声の大きい人」が戦略を決めるような会議を何度も見ました。正しそうに見えても、「独裁者」の戦略は弱く、生活者が多様化する中では戦略の視点も多様でクリティカルな方が強いのです。皆が意見を出し合える「戦略立案の民主化」こそ、戦略立案業務の第一歩です。

北畑 亮
Ryo Kitahata

博報堂　プラニング局部長
チーフマーケティングプラニングディレクター

生活者のハートをつかむ
強い「ブランド」の作り方

マーケティングとは、「価値を創造し、製品やサービスが売れ続ける仕組みを作る」こと。マーケティングが進化する過程で生まれたのが、生活者が好む付加価値を付ける「ブランディング活動」です。「機能的価値」から「情緒的価値」へと進化してきたこの手法は、社会にどう貢献できるかという視点を加えて進化しつつあります。

> **ブランディング**
> ブランドの思想や価値観を体現し生活者の "ハート" をつかむ活動
>
> **マーケティング3.0**
> 精神的・社会的な側面も含めて価値や意味を考え、共感・共創する考え方
>
> **ブランドパーパス**
> ブランドの存在意義や社会・生活への貢献視点で価値を捉え直すアプローチ

ブランディング

デザインパッケージ

BRAND

シンボル
マーク

ロゴ、
ネーミング

ABCDEF
キャッチ
フレーズ

キャラクター

広告、世界観

マーケティング2.0の時代になると、競合関係の中で勝って選ばれ続けようと、物質的な
ニーズを満たすのみならず、生活者のハートをつかむために感情へ訴えかける「情緒的
価値」が重視されるようになった。そこで発展したのがデザインや世界観、パッケージな
ど、生活者が好む付加価値を付ける「ブランディング」だ

　マーケティングの手法は、時代とともに進化し続けてきました。はるか昔には、工場で生み出された製品を顧客に届け、生産コストや価格を抑えて大量に販売することがマーケティングに求められるテーマでした。いわゆる「マーケティング1.0」の時代です。

　豊かな生活を実現するための物質的なニーズをどう満たすか、具体的には「機能的価値」（製品・サービスの機能や性能が提供する価値）が重視されていた時代です。

　暮らしが満たされて豊かになり、生活者が十分な情報を持って製品やサービスを選別可能な時代に入ると、マーケティングは2.0へと進化しました。企業は競合関係の中で勝って選ばれ続ける製品を提供しようと、物質的なニーズを満たすのみならず、生活者のハートをつかむために感情へ訴えかける「情緒的価値」を重視するようになります。

● 高い次元で企業と生活者が共感・共創する

　そこで発展したのがデザインや世界観、パッケージなど、ブランドの世界を体現して共感を獲得する「ブランディング」という概念です。機能的価値と情緒的価値の両面でマーケティングを行う企業が増加したのです。

　次に現れたのが「マーケティング3.0」。マーケティングの父とさ

マーケティング3.0

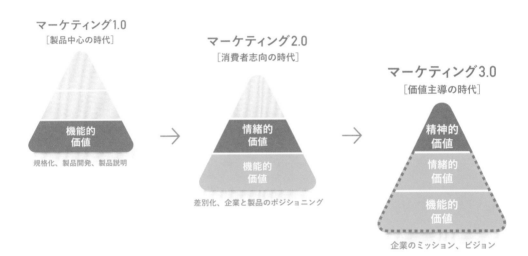

マーケティング1.0
［製品中心の時代］

機能的
価値

規格化、製品開発、製品説明

マーケティング2.0
［消費者志向の時代］

情緒的
価値

機能的
価値

差別化、企業と製品のポジショニング

マーケティング3.0
［価値主導の時代］

精神的
価値

情緒的
価値

機能的
価値

企業のミッション、ビジョン

企業はより大きなミッションやビジョン、価値を持って社会に貢献することを目指すようになり、社会の問題に対するソリューションを提供しようとするようになった。生活者の側も、企業の活動を支持する価値があるのかどうかを考えるように変わり、高い次元で企業と生活者が共感・共創する潮流が生まれた

れるフィリップ・コトラー氏は、マーケティング3.0について「価値主導のマーケティング」だと説明しています[1]。企業はより大きなミッションやビジョン、価値を持って社会に貢献することを目指すようになり、社会の問題に対するソリューションを提供しようとするようになりました。

　生活者の側も、その企業の活動を支持する価値があるのかどうかを考えるように変わっていきます。高い次元で企業と生活者が共感・共創する潮流が生まれたのです。

　他とは異なる価値のあるものとして生活者が識別する存在が「ブランド」です。語源は、自分と他の牧場の牛を識別するために施した焼き印だといわれています。マーケティングの世界では、原材料やスペックなど製品自体の特徴だけでなく、好意や信頼、感情などといった無形資産も含めて「生活者が認識する価値」の総称として、「ブランド」という用語を用います。

　マーケティング2.0時代以降、デザインやシンボルマーク、名称、キャッチフレーズ、世界観、広告活動などを駆使して自社製品は価値あるものだと生活者に認識させる活動としてのブランディングに、企業は積極的に投資するようになりました。

　マーケティング2.0の時代までは、提供側と購入側の生活者という取引関係を前提に、自社の優位な領域や成し遂げたいビジョ

ブランドパーパス

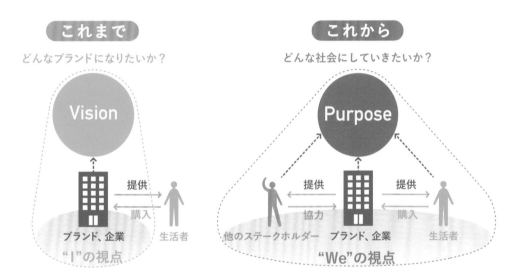

企業の思いやルーツを振り返り、現在の生活ニーズや社会変化を俯瞰（ふかん）的に
捉えて、社会や生活にどう貢献できるのかについてブランドの存在意義を捉え直すアプ
ローチが支持されるようになった

ン、提供したいことなどを考えれば済みました。言ってみれば、〝I（自社）〟の視点でブランディングを行い、収益を上げればよかったのです。

● 〝I〟の視点から〝We〟の視点へ

マーケティング3.0の時代になった今、Iの視点だけでなく、社会にどのような貢献ができるかという〝We（自社と生活者）〟の視点で発想する「ブランドパーパス」という考え方が支持されつつあります。企業の思いやルーツを振り返り、現在の生活ニーズや社会変化を俯瞰（ふかん）的に捉えたとき、社会や生活にどう貢献できるのか。改めてブランドの存在意義を捉え直そうというアプローチです。

生活者を単純に顧客ではなく共創するパートナーと捉え、時には同じ志を持つステークホルダーも巻き込みながら豊かな社会の実現に向けて貢献をしていきます。高い次元で生活者の共感を獲得するのが、ブランドパーパスの狙いです。

ここで言う実現したい社会とは、必ずしも地球環境や社会課題などといった崇高な課題ばかりではありません。機能していない価値観や偏見からの解放を応援したり、正しい啓発によって疾病や不利益から誰かを救ったりということも含まれます。

ブランドパーパスが企業活動を束ねる

ブランドパーパスは、マーケティングや広告の領域にとどまらず、企業活動を統合的に束ねる指針になっていく。達成するためにR&D（研究開発）やCSR（企業の社会的責任）といった活動をすることは社会に対して説得力があり、推進する社員や連携する外部組織にとっても意義が明確で、積極的な働きを期待できる

　一時ソーシャルグッド（社会貢献に資する活動）という、広告の形でブランドパーパスを表現する動きがありましたが、表層的な取り組みだったため、それを生活者に見抜かれてしまうなど失敗例も多かったと聞きます。聞こえの良いことを叫ぶだけでは、昨今の生活者は認めなくなっています。

　その意味で、ブランドパーパスは今後マーケティングや広告の領域にとどまらず、企業活動を統合的に束ねる指針になっていくと言えます。ブランドパーパスを達成するためにR&D（研究開発）やCSR（企業の社会的責任）といった活動をすることは社会に対して説得力があります。新しいアイデアが生まれるかもしれませんので、推進する社員や連携する外部組織にとっても意義が明確で、積極的な働きを期待できるでしょう。

　自社にないアセットを外部に求める際にも、ブランドパーパスをどう設定するかで、どの企業と組むべきか、どの企業に対してM&A（合併・買収）を行うべきかといった指針が変わってきます。思想やイメージではなく、企業や事業の戦略とも密接に関わるものになっていくでしょう。

　このように、企業は顧客に自社商品やサービスを選んでもらうためにブランド価値を規定し、常に時代とマッチしているかを定期的に見直しながらブランディングを進めていかなければなりません。

※1 『コトラーのマーケティング3.0　ソーシャル・メディア時代の新法則』（フィリップ・コトラー著、朝日新聞出版）

Check

1 生活者が企業の活動を
「支持する価値があるのか」を考える時代に

2 "I（自社）" から "We（自社と生活者）" の
視点で発想しよう

3 ブランディングについて時代と
マッチしているかを定期的に見直す

先輩マーケターからの
アドバイス

ブランドパーパスを規定する際、どうしても難しく抽象的な
言葉で考えてしまいがち。でも、一貫したブランド活動にす
るため、また生活者に共感されるためには、具体的にわかり
やすい言葉で決める必要があります。難しく考えすぎず、あ
なた自身がこのブランドでどう社会に貢献したいか。自分の
言葉で考えてみてください。

中平 充
Mitsuru Nakahira

博報堂　プラニング局部長
ストラテジックプラニングディレクター

顧客の購買行動を理解する
これからは買った後も大切

マーケティング戦略を練る上では、顧客の購買行動を捉えることが欠かせません。特にブランドの存在意義を再設定する動きが最近広がりつつあることを踏まえると、それに合わせて顧客との関係についても見つめ直すことが必要です。

ブランドファネル

ファネル（漏斗）を通すようなフローで購買行動を捉える手法

ブランド・パーパス・ストーリー

循環するようなフローの形で購買行動を捉える手法

NPS（ネット・プロモーター・スコア）

商品などを他人へ推奨する度合いでファン度を図る指標

ブランドファネル

従来顧客の購買行動を捉える際には、「ブランドファネル」の考え方が使われてきた。ここでは、ブランドとの関係性を深い段階へと移動させていかに顧客を多く獲得するかが重要だった

これまで顧客の購買行動は、認知から始まる「ブランドファネル（漏斗）」で捉えるのが一般的でした。ここでのゴールは、顧客をいかに多く獲得するか、でした。獲得する顧客数を最大化するには、いかに認知を広め、可能な限り認知者に理解や興味を深めてもらうなど、ブランドとの関係性を深い段階へと移動させることが重要でした。

認知拡大のためには、コミュニケーション施策により多くの投資を行う必要がありました。つまり、買ってもらうまでが主戦場だったのです。

しかし、現代は商品やサービスが均質化し、機能や性能で大きな差異化を図るのが困難になりつつあります。また、これから購買の中心を担うミレニアル世代は、何を所有するかは大事ではなく、所有することによって自分がどう感じるかに重きを置く傾向が強いとされます。ブランドや企業そのものに共感してもらい、ひいてはファンになってもらうことが求められる時代が来ているのです。

● 「共同編集」する顧客関係に変わる

では、最近の顧客はブランドの何に共感するのでしょうか。顧客側の視点に立って考えてみましょう。

例えば、これまで重要とされてきた優れた機能や性能はどう

でしょうか。おそらく感嘆することはあっても、共感はしないでしょう。共感を得るために必要なのは、提供する商品やサービスの背景にある確かな世界観やストーリーの存在です。世界観やストーリーに顧客は親しみを感じ、自分の感性と重ね合わせ、時には周囲に語ってブランドに対する共感の輪を広げてくれます。故に、顧客となります。

　つまりこれからのブランドとの関係において、顧客はブランドイメージや商品の機能などを一方的に受け取るだけの人から、背景にある世界観やストーリー、体験を共同編集する人へと変化していきます。コミュニケーションにおいても、企業やブランド側はあらゆるタッチポイントを通じて、絶えず情報を届けることが不可欠になります。

　また、生活者自身が情報発信の主体となりますから、顧客や生活者が発信する情報も無視できません。むしろサービスの使用感や不満点などに関する顧客の声を丁寧にくみ取り、改善に向けたヒントにつなげていくことが求められます。企業やブランドは、今後ますます顧客が発信する声によく耳を傾け、取り込んでいかなければなりません。

　これまでのような買うまでに偏重したコミュニケーションを見直すことが必要になってくるでしょう。

→ 購買行動の捉え方も変わる

ブランドと顧客は共同編集者のような関係になりますので、購買行動の捉え方も考え直さなければなりません。ブランドファネルのような認知から獲得までで終わる一直線のフローではなく、むしろ顧客となってくれた後にいかに接点を持って継続的な関係を築き共感を生み出していくか。そして、顧客が情報発信源になることを踏まえたものでなければなりません。

それには、ブランドパーパスへの共感醸成までを視野に入れて循環するようなフローが必要です。それが、「ブランド・パーパス・ストーリー」という考え方です。

企業やブランドのファンになってもらう重要性が増してくると、獲得後どのように顧客との関係を築き上げるかに重きを置かなければなりません。つまり、従来CRM（顧客関係管理）として捉えてきた領域の重要性が増し、買ってもらってからが主戦場となります。

こうした結果、評価の面にも変化が生じます。マーケティング活動がうまく進んでいるかどうかは、認知あるいは好意の上昇率や新規顧客獲得数では評価しにくくなるからです。今後は、LTV（ライフ・タイム・バリュー）やNPS（ネット・プロモーター・スコア）といったファン化を測る指標で評価することが求められます。

LTVとは、1人の顧客が商品・サービスの継続利用によっても

ブランドパーパス・ストーリーで共感を生み出す

現在は、ブランドパーパスへの共感醸成までを視野に入れて循環するようなフローで顧客の購買行動を捉えることが求められている。従来CRM（顧客関係管理）として捉えてきた領域の重要性が増し、買ってもらってからが主戦場となりつつある

たらす利益の総額を示すものです。

　もう一つのNPSは、商品やサービスを他人へ推奨する度合い
を測るものです。こちらも顧客がどれだけファンになってくれてい
るかを把握する評価指標として有効であり、これからの企業やブ
ランドが顧客との関係性を捉えるのに適しています。

　例えば、ある商品についてNPSを調べる場合、アンケートなど
で友人や同僚に薦めたいと思うかどうかを11段階で評価して答
えてもらいます。「満点の評価で絶対にお薦めしたい」を10点と
し、「全く評価できないのでお薦めはしたくない」を0点とし、採点
してもらうのです。

　得点に応じて、10〜9点だったらその商品を強く薦めてくれる
「推奨者」、8〜7点だったら薦めるわけでも薦めないわけでもない
「中立者」、6〜0点だったら薦めることに積極的ではない「批判
者」といった具合に3グループに分類します。結果を受けて、質問
の回答者全体に占める推奨者の割合と、批判者の割合を算出しま
す。NPSは、推奨者の割合から批判者の割合を引いた数値です。

　同じジャンルで2つの製品のNPSを比べれば、数値の大きい製
品ほど批判的な人が少なく推薦してくれるファンが多いということ
が分かります。今後は、こういった指標がマーケティング活動全体
を評価する場面で中心的な役割を担うようになっていくでしょう。

NPS（ネット・プロモーター・スコア）

「あなたはそれ（ブランドや商品、サービスなど）を友人や同僚に薦めたいと思うか?」
という質問に対する答えを、0 ～ 10 の 11 段階で聴取し、
得点に応じて「推奨者」「中立者」「批判者」の 3 グループに分類

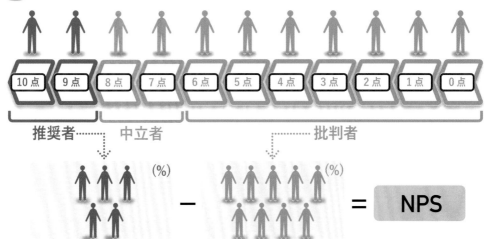

質問の回答者全体に占める推奨者の割合（%）から、批判者の割合（%）を引いた数値が NPS の値

※NPS® は Bain&Company、Fred Reichheld、Satmetrix Systems の登録商標です

ブランド・パーパス・ストーリーの登場は、評価の面にも変化をもたらした。認知あるいは
好意の上昇率や新規顧客獲得数だけでは評価しにくくなったため、ファン化を測る指標
でマーケティング活動がうまく進んでいるかどうかを評価する必要がある。NPSはそのた
めに役立つ手法の一つで、いかに自社商品やサービスを他人へ推奨してくれるかの度
合いを図るものである

　確実に言えることは、デジタル技術の進展や購買の担い手がミレニアル世代以下に移り変わってきたことに伴って、企業やブランドと顧客との関係が加速度的に大きく変わってきている事実です。以前のような一方的、ともすれば主従のような関係で顧客を捉えていては、ニーズを読み違えることでしょう。これからの時代のマーケティングを担当する皆さんは、常にこの視点を持つことが大切です。

Check

1 生活者は背景にある確かな世界観や
ストーリーを求めている

2 顧客との関係をブランドの共同編集者と
捉えコミュニケーションを見直す

3 今や認知・好意の上昇率や
新規顧客獲得数だけでは評価が難しい

**先輩マーケターからの
アドバイス**

マーケティングの潮流は、セールス至上主義から良質な顧客体験の提供へと、その価値が大きく移り変わろうとしています。でも、まだそれを成功に導く確固たるアプローチや最適解は確立されていません。そして、それを創り上げる主役こそが、きっとこれからマーケティングの世界に深く携わっていく皆さんであると信じています。

猪上 学
Manabu Inogami

博報堂　データドリブンプラニング局部長
マーケティングプラニングディレクター

社内外を〝ハッキング〟し 商品開発を成功させる

マーケティングプロセスの第3ステップが「戦術」です。4つあるP のうちの一つが「プロダクト」。商品開発の基本には王道があります。ただ、時代に合わせて、その在り方が少しずつ変わりつつあります。

商品開発のプロセス

生活者が抱く欲求を満たす機能などを組み立て工夫するプロセス

商品開発のプロセス

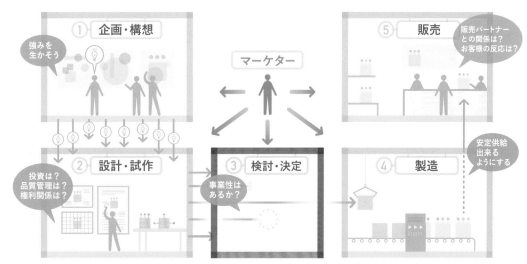

「企画・構想」「設計・試作」「検討・決定」「製造」「販売」の5つのプロセスでプロダクトは開発する

マーケティングミックス（「プロダクト」「プライス」「プレイス」「プロモーション」の4P）の重要な一翼を担うプロダクト（商品）の開発について、フィリップ・コトラー氏は次のように定義しています。「生活者が抱く意識的・無意識的な欲求を満たす具体的な機能・サービス体験を組み立て、その魅力が高まるように工夫を重ねていくプロセスである」[※1]。このプロセスを5つのステップに分けて紹介しましょう。

● 商品の開発は5つのステップで

ステップ1は「企画・構想」です。ターゲットのどの欲求に応えるかを起点に自社の強みを生かせるか、望ましい機能や使用感、デザイン、訴求メッセージはどのようなものかを検討し、商品コンセプトとしてまとめます。

ステップ2は「設計・試作」です。試作を繰り返しながら仕様に落とし込みます。生産に必要な初期投資や製造原価、発生し得る品質上の問題、「特許権」「実用新案権」「育成者権」「意匠権」「著作権」「商標権」などの知的財産権を侵害していないかも確認しつつ、独自の商品へと磨き上げます。

ステップ3は「検討・決定」です。収益性や希少性、模倣困難性、流通のしやすさなどの事業性を見ていくと同時に、担当者や事業

責任者が市場に出していく覚悟を持って、商品化を決定します。

　ステップ4は「製造」です。製造場所の選定や設備の調達、製造ラインの確保、調達計画の策定、検品体制の構築など、安定的に商品を供給するための態勢を整えます。

　最後のステップ5が「販売」です。販売パートナーとの商談を通じて卸値の交渉や、配送・保存方法の確認および調整、店頭販売促進活動を依頼します。客の問い合わせに応える窓口やCRM（顧客関係管理）システムとの連携も大切です。

　このように商品開発は、多くの人が知恵と技術を出し合いながら価値を高め、顧客に提供するプロセスだと理解いただけたと思います。

　さて、デジタル技術の進化を念頭に置くと、一段高い視座で商品開発を行う能力が次世代のマーケターに求められています。というのもここ数年、北米の大手消費財メーカーは商品開発に関して投資家から厳しい指摘を受けているからです。生活者の興味・関心の予兆を先読みしてスピーディーに価値を提供する商品開発に、各社が適応できていないというのです。

　日本もその例に漏れません。例えばトイレタリー商品をはじめとするいくつかの分野で、「ボタニカル（植物性）」というテーマが人気を集めています。実は、仕掛けたのは製造設備や営業網を持た

ないスモールブランドでした。デジタル技術を活用してボタニカルの需要を先読みして商流を組み立てたのです。市場を席巻し、瞬く間に百億円超のシェアを獲得しました。

　「食品」「化粧品」「ファッション」など、様々な領域でデジタル技術の浸透に伴い参入障壁が下がりました。幅広いカテゴリーで、ライフスタイル提案ができる時代へと突入しています。この状況は、実現したい未来を「パーパス」として掲げて、従来の商品カテゴリーにとらわれない付加価値を持った新商品や新事業に挑戦したいと考える企業にとってはチャンスが到来したと言えるでしょう。柔軟に自社の価値を表現する場を拡縮できるからです。

　ある企業と別の企業が、お互いの経営資源（「ブランド」「商品・サービス」「人材」「情報」「知的財産」など）を合体させて作る新しい商品は、「複合商品」と呼ばれます。複合商品を用いてパーパスを実現する上で、私たちマーケターには企業や組織、そして従来型の固定観念を破壊していくオープンイノベーションが求められます。

➔ マーケターには3つの〝越境力〟が求められる

　こうしたことから、これからの商品開発において大きく3つの〝越境力〟がマーケターの新たな素養として求められるようになる

複合型視点での商品開発

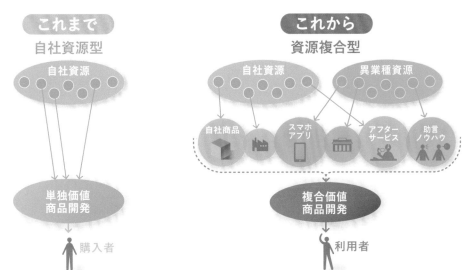

企業同士がお互いの経営資源を合体させる「複合商品」を作るためには、マーケター自身が企業や組織、従来型の固定観念を破壊していくオープンイノベーションを起こすことが求められる

と考えられます。

　まず第1に、「社内外資源のハッキング力」です。例えば、食品会社が医療保険を考えてはいけないというルールはありません。ただ実務的には、法令により保険を企画・販売することは難しいでしょう。そこで、食を通じて人々を健康にしたいと考える生命保険会社を探し出し、両者の経営資源を上手に掛け合わせて商品開発を行うのです。これからのマーケターは社内外の経営資源を探り当て、その可能性を因数分解し、新結合を生み出して新たな価値に変えていくハッキング力が必要になるわけです。

　第2が、「共創環境のデザイン力」です。異なる組織がお互いの経営資源を気持ちよく出し合うためには、共創目的の設計や、創発性を活性化する「場」「組織」「ルールづくり」、そして安心して企業間で知財を共有するための「契約・利益配賦の設計」などが欠かせません。今どきのマーケターは商品開発の責任者であると同時に、共創のために集うパートナー同士の中立的なコミュニティーマネジャーの役割も果たす必要があります。

　組織の壁を越えて価値を生み出す中核人材については、クリス・アーンスト氏らが提唱する「バウンダリー・スパニング」[※2]などが参考になります。

　最後の第3が、「先端技術の発見・活用力」です。前例にとらわ

3つの越境力でオープンイノベーションを起こす

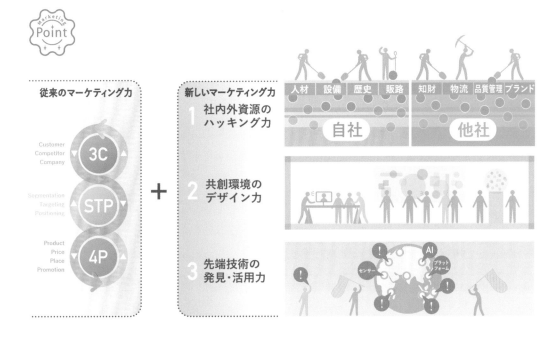

具体的にオープンイノベーションを起こすには、「社内外資源のハッキング力」「共創環境のデザイン力」「先端技術の発見・活用力」という3つの越境力を素養として身に付けることが欠かせない

れるとつい忘れがちですが、業界の内外では様々な技術革新が起こっています。

　例えば英国では、商品開発に必要な情報収集を圧倒的なスピードで実現するAI（人工知能）技術がいくつも登場しています。また韓国のコスメ産業では、多品種の小ロット品を高速に製造するために、自社工場を持たない「ファブレスネットワーク」の整備が進んでいます。

　デジタル技術はコスト削減から価値創造へと役割が進化していますから、人と機械が融合した時代に適した開発プロセスを組み上げていく必要があります。これからは〝越境型〟の商品開発が日常になる時代になるのでしょう。複数の企業がそれぞれの強みを持ち寄って作っていくのではなく、「組織」「技術」「スキーム」を掛け合わせ、かつ自社だけでは完結しない商品開発の時代が到来しました。マーケターは、その先頭に立つことが期待されています。

※1 『コトラー&ケラーのマーケティング・マネジメント 第12版』（フィリップ・コトラー、ケビン・レーン・ケラー著、丸善出版）
※2 『組織の壁を越える──「バウンダリー・スパニング」6つの実践』（クリス・アーンスト、ドナ・クロボット=メイソン著、英治出版）

Check

1 商品は多くの人が知恵と技術を
出し合いながら価値を高めて開発

2 デジタル技術の進化により、
一段高い視座による取り組みが必要

3 〝越境型〟の商品開発では
マーケターが先頭に立とう

先輩マーケターからの
アドバイス

商品開発では生活者の安心・安全が最優先。パーパスが
重視される現代においては、誠実なモノづくりがより重要に
なってきます。デジタル技術の活用やオープンイノベーショ
ンへの挑戦で上手に壁を壊しながら、大切なところにしっか
り時間をかけていく。妥協しない商品開発で時代を切り開
く価値を生み出しましょう。

井手 宏臣
Hiroomi Ide

博報堂　プラニング局部長 兼 ミライの事業室
チーフマーケティングディレクター

商品に付加価値をプラス 魅力ある体験を届けよう

「プロダクト」を越えた概念として「サービス」があります。デジタル技術の進化によって、単なるプロダクトの単品売りから、プロダクトに付加価値のあるサービスを組み合わせて提供することがしやすくなっています。サービスをいかに魅力ある体験に設計するかも現在のマーケターにとっては重要な役割です。

Keyword

サービス開発

プロダクトを継続的に使ってもらうための付加価値がある体験を開発すること

LTV（ライフ・タイム・バリュー）

商品・サービスの継続利用で顧客がもたらす利益の総額

サービス開発

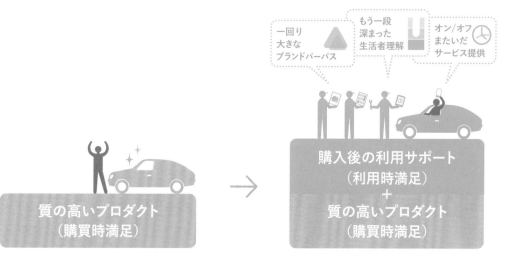

スマートフォンやソーシャルメディア、IoT（インターネット・オブ・シングス）などの進化により、少ない人件費で手厚いサービスを購入後に提供しやすくなりつつある

　自動車メーカーは、車を販売した後の各種サポートをディーラー経由で提供しています。これは、車というプロダクトを販売したらそれでおしまいではなく、車を販売した後も気持ちよく使ってもらうために、様々なサポートをサービスとして提供し、それも含めてビジネスをしているということです。

　サービスを提供することによって、購入時の満足度だけでなく利用している間の満足度も高め、次も自社の自動車を買いたくなる「リピート意向」を生活者から引き出すことが可能になります。自動車メーカーが長年手厚いサポートに力を注いできた狙いこそが、一生の間にそのメーカーとどれくらい取引をするかを示す「LTV（ライフ・タイム・バリュー）」の拡大です。LTVをいかに大きくするかについて知恵を絞り続けてきたわけです。

　こうしたサービスの概念が、質の高いプロダクトを販売するところで途切れていた企業と生活者の関係を変革させ、その流れがあらゆる業界に及びつつあります。進化したデジタルテクノロジーの力を借りて、購入後も企業と生活者がつながり続けるハードルが下がってきているからです。

　自動車メーカーはこれまで、プロダクトの保守整備を提供するためにはディーラーで人をたくさん雇用する必要がありました。最近はスマートフォンやソーシャルメディア、IoT（インターネット・オ

LTV（ライフ・タイム・バリュー）

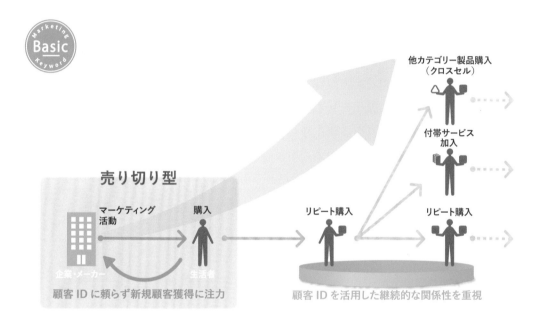

プロダクトを越えた概念として「サービス」を開発・提供すれば、一生の間にそのメーカーと
どれくらい取引をするかを示す「LTV（ライフ・タイム・バリュー）」を拡大できるようになる

ブ・シングス）などを使って、少ない人件費で購入後に手厚いサービスを提供しやすくなりつつあります。

→ デジタルサービスでLTVを長期化させる

スポーツ用品メーカーについて、今どきのサービス開発を考えてみましょう。日々のランニングを記録するアプリケーションを多くのスポーツ用品メーカーがリリースしていますが、これはデジタルサービスでLTVを長期化させる好例でしょう。

メーカーとしてはもちろん引き続き、プロのアスリートが求めるような高機能でデザインの良いランニングシューズやウエアをアピールし続けることは大切です。しかしカジュアルにスポーツを楽しみたい一般の生活者にとっては、世界記録を出すことではなく、日常生活の中で楽しくランニングし続けることがシューズを買う目的です。

それを踏まえれば、「いつ」「どこで」「どれくらい」走ったかを記録して簡単にスマートフォン上でチェックできるサービスに需要があることが分かります。

目標をクリアすると記念バッジがもらえたり、友達とつながってお互いのランニングの記録を公開し合って刺激を受けたりといった機能によって、明日もランニングを続けようというモチベーション

の維持をしてもらいやすくなります。その履歴を基に、その生活者に最もふさわしい商品をお薦めすることで、LTVの向上に貢献できるはずです。

　このようにサービスを提供することによって、スポーツ用品メーカーは「スポーツ・ライフ・サポート・メーカー」へと一回り大きなブランドパーパスを設定できるようになります。当然、追いかけるべきKPI（重要業績評価指標）も変わってきます。今までのスポーツ用品メーカーにとってKPIは、商品の販売数や、シューズだけでなくアパレルも買ったかどうかを示す複数カテゴリーの購入率でした。LTVを重視するスポーツ・ライフ・サポート・メーカーとしては、加えてランニング継続率のような指標も追う必要があります。

　新しいKPIを追っていくことで、生活者に対する理解が一段と深まります。すると、さらにランニング継続率を高めるためのデジタルコミュニケーションを設計しやすくなり、リアルなランニングコミュニティーを店舗発でつくるといった次の打ち手も本格的に検討可能になります。

　つまり、サービス開発によってマーケティングに及ぼす影響の範囲は広くなっていきます。カスタマージャーニーとそれにひも付くタッチポイントに沿って、ダイナミックな体験価値を生活者に届けることが可能になるのです。

→ 「ゲートウエイ」として機能しているか

　では、サービス開発を設計する上で最も重要なことは何でしょうか。それは、サービスが「生活者データ獲得のゲートウエイ」として機能しているか、そのデータを基にしたサービスを開発・提供できているか、という視点を持つことです。

　先ほどのランニング記録サービスの例で考えると、「誰が」「いつ」「どこで」「どれくらい」走ったかというデータは、一般的なWebの閲覧履歴や購買履歴などでは取得できる類いのものではありません。自社がサービスを提供することで初めて生成できるデータです。

　どんなサービスを提供したら生活者が喜ぶか、そのブランドが好きになってもらえるかという視点ではなく、そのサービスならどんなデータをインプットし得るのかという視点で考えてみることがLTVを踏まえたサービス開発では重要です。インプットできるデータが他社にはない独自性のあるものであればあるほど、ブランドの新しい体験価値を生み出せます。

　次に重要なことは、マーケターやデザイナー、エンジニアのワンチームによる早期のプロトタイピング（試作）と、その繰り返しです。「そのサービスは本当に使われているか」「狙ったデータは取得できているか」「そのデータを使って生活者に何らかの価値を

生活者データを活用してサービスを開発する

自社だからこそ、サービスを提供することで初めて生成できるどんなデータがあり得るかを
考える。インプットできるデータが他社にはない独自性のあるものであればあるほど、ブラ
ンドの新しい体験価値を生み出せる

返せているか」「サイクルを通じてブランドのビジネスに貢献できているか」を検証して、サービスを改善し続けましょう。それには、思考方法も使う言語もモチベーションも異なる職種のメンバー同士がフラットに話し合えるチームを作り、そこでプロトタイピングをしてこそ大きな力を発揮できます。

　サービス開発は、ブランドにとって検討に値する重要なデータは何かを考え、それを通じてどのような価値を継続的に生活者に提供できるかを考えるきっかけとなる重要な取り組みです。

Check

1　デジタル技術の進化で付加価値のある
　「サービス」が開発可能に

2　サービスを通じて生活者との
　関係性を深め、LTV向上を目指す

3　独自性のあるデータをインプットするほど
　価値ある体験が生み出せる

先輩マーケターからの
アドバイス

僕が考えるマーケティングは、問題や課題を賢く整理することではなく、
こうなったら面白そうという妄想とそれを実現に導く大胆な仮説を持っ
て「戦略的アイデア」を創造することです。問題点を裏返しただけの
戦略ではなく、生活者の心を動かして世の中を動かそうとする戦略を、
頭と心と体を総動員して生み出すことです。そしてそれは、人生の長い
時間をかけるに値する途方もなく楽しいことだと僕は思います。

入江 謙太　博報堂　マーケティングシステムコンサルティング局部長
Kenta Irie　チーフビジネスプロデューサー

顧客も満足、利益も上げる 新手法駆使し適切に値付け

4Pのうちの「プライス」、つまり商品やサービスの価格は、購買欲求に大きく左右されるとともに企業収益にも直結する、企業にとって非常に重要なテーマです。最適な価値を提供するために、マーケターは知恵を絞らなければなりません。

Keyword

価格設定（プライシング）
生活者のニーズに合わせて商品の特性に応じた値付けをすること

ダイナミックプライシング
需要と供給に応じて商品やサービスの価格を適時変動させる価格戦略

パーソナルプライシング
顧客属性や購買履歴を使って購入者ごとに価格を変動させる価格戦略

価格設定（プライシング）

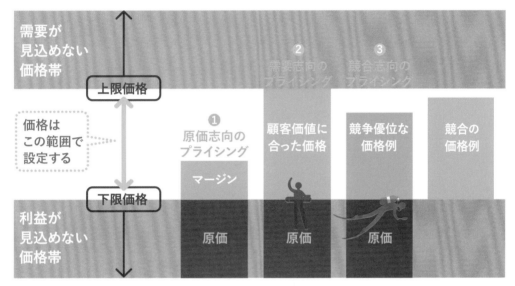

基本的な価格設定方法には、（1）原価志向型、（2）需要志向型、（3）競合志向型の
3つがある

　毎年のように値上げを繰り返しても事業を継続的に成長させられる企業もあれば、値上げに失敗して業績が悪化してしまう企業もあります。どんなに良い商品・サービスを開発しても、価格設定のさじ加減一つで生活者の反応は大きく変わります。

　では価格とは、どのように決めるべきなのでしょうか。

　代表的な価格設定方法としては、（1）原価志向型（原価に一定の利幅を確保する「マークアップ方式」など）、（2）需要志向型（顧客がどの程度の金額を支払うかの基準を調査して決める「知覚価値価格設定法」など）、（3）競合志向型（競合企業の価格に基づいて設定する「現行レート価格設定法」など）の3つがあります。

➡ 「ダイナミック」かつ「パーソナル」に

　これからはまた別の第4の手法が主流になるとみられています。それが「適切な価値提案型」です。

　というのも、全ての生活者が、低価格を志向しているわけではないからです。こだわっている商品なら高くても買いたいと考える人は少なくありません。例えば旅行商品なら、ハイシーズンの飛行機や人気が高くて予約が難しいホテルについては、定価の倍の金額を払ってでも購入してくれる人はいるでしょう。

　一方で、所有から利用へと生活者の価値観が変わってきたことから、買わずに必要なときだけレンタルで利用できればよいと考える人も増えています。まとまった金額は支払いたくないが、月額料金の形でなら契約してもよいというわけです。

　このように生活者のニーズは多岐にわたるようになり、マーケターは商材やサービスの特性に応じて独自のプライシングモデルを設計しなければならなくなりました。最適な価値を提供するための価格を考える必要が出てきたわけです。

　適切な価値提案型を実現する価格設定方法として注目を集めているのが、「ダイナミックプライシング」です。需要と供給の状況に応じて、商品やサービスの価格を適時変動させる戦略です。ホテルや飛行機などで先行して採用が始まり、最近は美容室や駐車場、テーマパーク、ゴルフ場といったサービス業にも広がりつつあります。

　食品ロスが経営課題になっている小売業界では、RFID（無線自動識別）タグを商品に貼り付けてリアルタイムに在庫状況や消費期限を取得し、消費期限によって価格変動させている例もあります。

　ダイナミックプライシングの考え方を発展させ、データベースで管理する顧客属性や購買履歴を使って、購入者ごとに価格を変

動させる「パーソナルプライシング」という新手法も登場しています。これは、商品・サービスに対して支払いたいと思う金額が生活者によって異なるとの前提に立ち、顧客タイプに応じて異なる価格をそれぞれ提案するアイデアです。パーソナルプライシングの代表例としては、よく買う商品に合わせてクーポンを発行したり、頻繁に買う人に対してはポイントの還元率を高めたりといった販促施策があります。

　一律の値引きをすれば、価格に敏感で定価では買わない層や収入が低い学生などの層を新規顧客として取り込みやすくなります。しかし定価で購入してくれるはずの人に対しても値引きするので、全体として利益が減ってしまいます。パーソナルプライシングなら、顧客タイプによって値引き額が異なるクーポンを発行できます。

　これにより、定価購入してくれる客に対しては価格を変えずに利益を確保しつつ、値引き率を高めて新規顧客を獲得するといった手法がとれます。売り上げ増と利益確保を同時に実現できるわけです。

● ブランド価値が維持できない運用はしない

　今マーケターに求められるのは、商材やビジネスモデルごとに様々な価格戦略手法を駆使し、納得感のあるプライシングで顧

ダイナミックプライシング

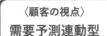
〈顧客の視点〉
需要予測連動型

〈商品の視点〉
消費期限連動型

〈競合の視点〉
競合価格連動型

例）ホテルや飛行機など

例）コンビニエンスストアや
スーパーマーケット

例）家電量販店

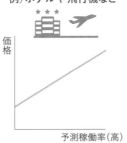

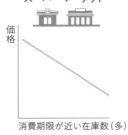

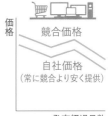

**ダイナミック
プライシング
のモデル例**

価格　　　予測稼働率（高）

価格　　　消費期限が近い在庫数（多）

価格　　　発売経過日数

競合価格

自社価格
（常に競合より安く提供）

**適切な価値提案
の変数例**

・予約数
・予約時期（例：早割）
・チェックイン残り時間
・曜日／閑散期／繁忙期

・在庫数
・消費期限
・廃棄費用

・競合価格
・モデルチェンジの時期

生活者のニーズが多岐にわたるようになったことから、マーケターは商材やサービスの特
性に応じて最適な価値を提供する独自のプライシングモデルを設計しなければならなく
なった。需要と供給の状況に応じて適時変動させる「ダイナミックプライシング」はそのた
めの手法の一つだ

客満足度を高めつつ長期的に利益を上げられるようにすることです。ダイナミックプライシングやパーソナルプライシングは、その強力な武器になるでしょう。

ただし、ダイナミックプライシングやパーソナルプライシングが必ずしも向いていない商材があることに注意が必要です。導入に当たっては慎重に検討する必要があります。

例えば化粧品などの保存性の高い消耗品がその一つ。価格変動が頻繁に発生してしまうと、安値のタイミングでまとめ買いされてしまいます。値段が高いときに買い控えが発生し、ブランド価値を維持しにくくなります。

このケースでは、例えば肌診断を基に生活者ごとに適切な組み合わせの商品を提案して定期的に届けるなど、サブスクリプションモデルを検討するのがいいでしょう。新たな付加価値を付けて価格戦略を練るのです。

ダイナミックプライシングが適しているからといって、過度にAI（人工知能）やビッグデータに依存して全自動で運用するのも危険です。供給量が限られていて需給バランスが大きく変動しやすい旅行商品などの場合、頻繁に価格が上下動してしまいます。利用者ごとに大幅な価格差が生じることに不満を感じる人が続出して、商品・サービスに対する信用を失ってしまう恐れもあります。こ

パーソナルプライシングが長期的な利益を生む

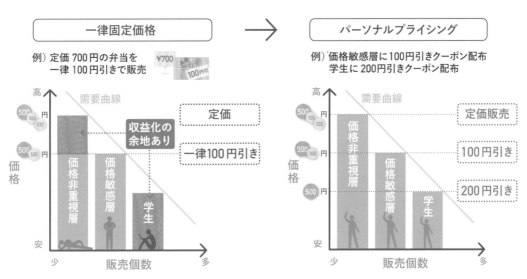

ダイナミックプライシングの考え方を発展させ、データベースで管理する顧客属性や購買履歴を使って購入者ごとに価格を変動させるのが「パーソナルプライシング」。商品・サービスに対して支払いたいと思う金額が生活者によって異なるとの前提に立ち、顧客タイプに応じて異なる価格をそれぞれ提案するアイデアだ

れでは、全体として利益が損なわれかねません。

　需給を踏まえて値幅制限などを手作業でチューニングしたり、価格変動で購入プロセスから離脱した人を見つけてフォローしたり、何らかの形でマーケターが関与する形での運用が望ましいでしょう。

1 これからは「適切な価値提案型」の
価格設定方法が主流になる

2 必ずしもダイナミックプライシング
などが向かない商材もある

3 全自動で可変させる運用は
信用や利益を失う恐れがあるので注意

先輩マーケターからの
アドバイス

競合優位性は何か一つの要素で決まるのではありません。
様々な要素の掛け算によって他社が簡単にまねできない
サービスとなります。価格もその要素の一つです。単純値下
げで勝てる時代は終わり、適切な価値提供の実現に向けて
試行錯誤して生み出した施策を掛け算して競合優位性が生
まれます。皆様も新しいプライシングにチャレンジしてください。

吉田 敬　　　博報堂　マーケティングシステムコンサルティング局
Takashi Yoshida　　ビジネスプラニングディレクター

業界構図の塗り替えも可能「チャネル設計」の勘所

マーケティングにおける4Pのうちの一つ「プレイス」では、「チャネル」をいかに設計するかが重要です。マーケティングにおいてチャネルという言葉は、商品や商品に関する情報を生産者から生活者へ届ける経路を指します。EC化の進展に伴い、マーケティング部門のチャネル戦略が重要になってきています。

チャネル
商品や商品に関する情報を生産者から生活者へ届ける経路

D2C（ダイレクト・トゥー・コンシューマー）
商品を直販のECサイトで直接顧客に届けるチャネルモデル

チャネル

メーカーのマーケティング部門が全領域を主導する

チャネルには、商品の価値を伝える「コミュニケーション」、商品を倉庫から広く物理的に移動させる「流通」、店舗などを通じて生活者の手元へ届ける「販売」の3つの要素がある

　チャネルは、大きく3つの要素に分解して考える必要があります。生活者に商品の価値を伝える「コミュニケーション」、商品を倉庫から広く物理的に移動させる「流通」、そして店舗などを通じて生活者の手元へ届ける「販売」です。従来は、宣伝部門がコミュニケーション、営業部門が流通を担い、販売については企業が直接関与せず小売業者に任せていました。

　販売は、卸業者やスーパーマーケット、コンビニエンスストアといった小売業者を通じて生活者に届ける形が一般的です。企業は対策費を潤沢に用意して、営業部門の担当者が各店舗の棚をいかに押さえるかライバルと競い合ってきました。棚を押さえることで初めて、生活者に商品を届けることができたのです。

　このモデルでは言うまでもなく、企業の資金力や長年培った小売業者との関係性、そしてインパクトのあるテレビCMを打てるかどうかが重視されます。大企業になるほど優位だったわけです。

　こうした従来のチャネル戦略は、現在変革の時を迎えています。オンライン上の商取引であるEC（電子商取引）が成長しているからです。日本国内のB2C（企業・個人間取引）におけるEC化率は現在6.76％となっており、毎年右肩上がりに成長しています[※1]。そのうち、見過ごすことのできない2つの大きなトレンドがあります。1つ目はプラットフォーマーの提供するECモールのさらなる伸

長です。ECモールによって、企業と販売チャネルの関係性は大きく変わりました。

　まず企業が、広く生活者に対し販売に直接関われるようになりました。ECモールでは卸業者や小売業者だけでなく、企業が直接出店したり出品したりできます。販売により密接に関与し、小売業者を介さず、ECモールに集まる多数の顧客に対する販売まで担えるようになりました。

　もう一つはプレイスを獲得するロジックが変わったことです。従来のような営業力による対策に頼ることなく、ECモール内の商品ページの見せ方を工夫したり広告枠を活用したりといったコミュニケーションチャネルとしての対策次第で、より良いプレイスを獲得できるようになりました。

　このようにECモールの登場によって、企業はより深いレベルでチャネルに関わることが求められるようになりました。「コミュニケーション」「流通」「販売」を一気通貫でマーケティング部門が関与する必要が出てきました。

● 企業が自分のさじ加減で制御できるD2C

　一方でECモールでは、プラットフォーマーの方針や仕組みが変わるとそのたびに戦略を練り直す必要に迫られます。得られる顧

客との接点に制限がある点が問題です。

　そこで、企業が自らチャネル全体を完全にコントロールできる新しい形のマーケティング手法が生まれました。それがD2C（ダイレクト・トゥー・コンシューマー）です。企業が企画・開発した商品を他の流通経路を通さずに、直販のECサイトで直接顧客に届けるモデルです。

　D2Cの特徴は、コミュニケーションから販売までチャネルの全領域を企業が自分のさじ加減で制御できることです。そのため、これまで関与しにくかった「プライス」についてもコントロールできるため、サブスクリプション方式のような多様な価格設定も活用しやすくなります。

　また企業にとっては、チャネル対策のための予算の使い方も変わります。コミュニケーションのために宣伝部門が持っていた宣伝費を、マーケティング部門が顧客獲得費に転換できるので、小売業者の対策費が不要になります。一方で物流費や配送費は自社で負担しなければなりません。

　D2Cでは、生活者データを自身で収集することで、生活者に対して1対1でマーケティングを実施できるようになります。ECモールと異なり顧客と直接接点を持てるため、生活者の属性や生の声を集めることが可能です。

D2C（ダイレクト・トゥー・コンシューマー）

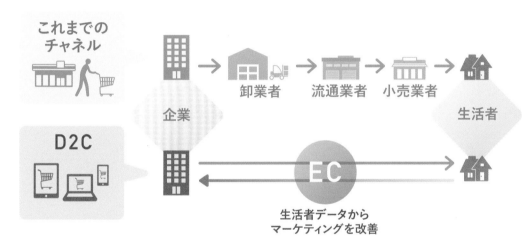

コミュニケーションから販売までチャネルの全領域を企業が自分のさじ加減で制御できる
メリットがあるのがD2C。生活者データを自身で収集することで、生活者に対して1対1
でマーケティングを実施できる

入手したデータを分析してサービスの改善や新商品の開発に生かす他、一人ひとりの好みに合わせて違う商品を届けるといったことも難しくありません。購入後のアフターケアについても、きめ細かな対応が可能になります。

◉ 統合的なチャネル管理はマーケティング部門の仕事に

ECの進展により、企業と生活者の距離は近づき、生活者の声がメーカーの行動を変えるという今までにない双方向の関係が生まれた点は見逃せません。結果としてチャネル戦略においては、従来の卸業者や小売業者といかに強固な関係を築いているかどうかではなく、マーケティングに基づく競争論理が働くようになります。

そのためにも各企業は、組織の体制を見直し、マーケティング部門による統合的なチャネル管理ができるように宣伝部門や営業部門を部分統合する必要があります。でなければ、より良いチャネル設計は難しいでしょう。

またロジスティクスや決済など、受注から配送までの一連の業務「フルフィルメント」をどう設計するかについて検討することもマーケティング部門の重要な役割になっていきます。「決済手段」「配送方式」「ECの基盤システム」など、マーケターは幅広い知識を身に付けて事業判断を行わなければなりません。深くチャネルにつ

組織から流通までチャネルを再設計する

各企業は組織の体制を見直し、マーケティング部門による統合的なチャネル管理ができるように、宣伝部門や営業部門を部分統合する必要がある。でなければ、より良いチャネル設計は難しい

いて考えていき、適切な事業設計をすることが求められます。

　チャネルの変化によって資金力や営業力ではなく、マーケティングの力で業界シェアを刷新させるチャンスが到来したと私は考えます。マーケターにとって、これほどやりがいのある環境はないでしょう。今が、マーケターの腕の見せどころなのです。

※1　経済産業省『令和元年度内外一体の経済成長戦略構築にかかる国際経済調査事業（電子商取引に関する市場調査）』より

1 ECの登場でマーケティング部門の
チャネルへの関与が大きく変化

2 D2Cなら、生活者に対して
双方向のマーケティングが可能

3 「フルフィルメント」の設計も
マーケターの重要な業務になる

先輩マーケターからの
アドバイス

チャネル設計にまつわるマーケティングは変化が激しいため、常に新しい情報を理解し、自分のものとして活用していくことが求められます。だからといって、難しく考えすぎず、「自分・自社は何をしたいのか?」をシンプルに考えて取り組むことが一番大切です。一緒に、新しいマーケティング手法を自分のものにしていきましょう。

桑嶋 剛史
Takeshi Kuwajima

博報堂　データドリブンプラニング局
コンサルタント

生活者の共感を呼ぶための
タッチポイントづくり

プロモーションは、マーケティングの基本要素4P（「プロダクト」「プライス」「プレイス」「プロモーション」）の一つであり、商品の販売を促進する活動の総称です。広告やPR活動、サンプリング、自社ホームページやSNS（交流サイト）でのアピール、店頭でのセールスパーソンによる売り込みなどはいずれもプロモーションです。

タッチポイント

様々なメディアを通じて生活者との間に設ける接点

IMC（統合マーケティングコミュニケーション）

複数のタッチポイントを統合的に設計・運用する概念

タッチポイント

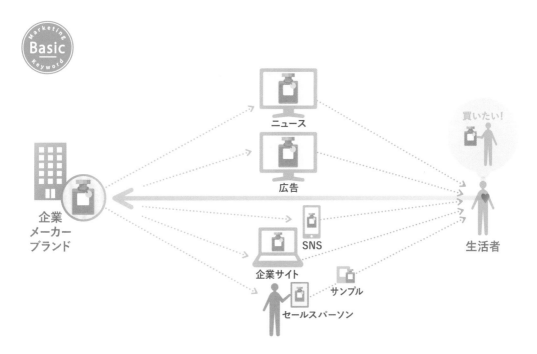

Basic

ニュース

広告

SNS

企業サイト

サンプル

セールスパーソン

企業
メーカー
ブランド

買いたい！

生活者

生活者との間でコミュニケーションを成立させるためには、様々なメディアを駆使して生活者との間にタッチポイントを設ける必要がある。それぞれのタッチポイントでは、「What to say（何を言うべきか）」を適切に設計することが重要だ

　プロモーションを成功させるためには、生活者に一方的に情報伝達するのではなく、生活者との間でコミュニケーションを成立させる必要があります。コミュニケーションは、様々なメディアを駆使して生活者との間にタッチポイントを設けて行うことになります。

　それぞれのタッチポイントでは、「What to say（何を言うべきか）」を適切に設計することが重要です。ここで重要なのが、それぞれのタッチポイントで言うべきことがバラバラにならないように統合することです。もう少し具体的に言えば、複数のメディアを通じてブランドのメッセージを受け取った生活者が、こちらが意図していた通りのブランドイメージを持てるよう、それぞれのメディアの特徴を生かしながらコミュニケーションを設計しなければなりません。

● IMCという考えに基づいて全体設計する

　そこでプロモーションは、それぞれのタッチポイントで言うべきことがバラバラにならないように統合する「IMC（統合マーケティングコミュニケーション）」という考え方に基づいて実行する必要があります。そもそもIMCという考えは、デジタル広告が台頭したことによって急速に広まりました。活用できるメディアが増えたことによって、どのメディアを選択し、どう予算配分するかを考える必要

IMC（統合マーケティングコミュニケーション）

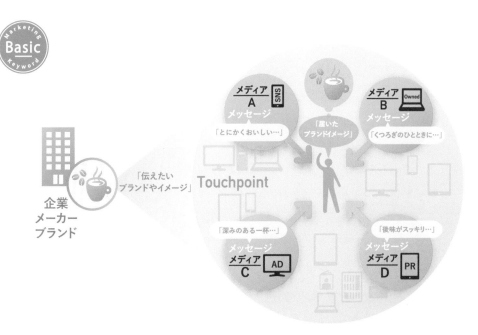

※ IMC … Integrated Marketing Communication

IMCの概念に従って、どのメディアを選択し、どう予算配分するかを考えるのがプロモーションの第一歩。利用可能なメディアが増え、特にデジタル広告が台頭したことによってIMCが急速に広まった

性が出てきたからです。

　さらにテレビや雑誌といったマス広告では伝えきれなかったブランドの魅力を細かく伝えられるとの期待から注目されるようになりました。

　オンライン上のコミュニケーション（デジタル広告やホームページなど）は、メディアごとのターゲット含有率などの多くのデータを入手できます。そこで技術の進化に伴ってIMCは、単に最適に予算配分することから、ターゲティング（届けたい人に確実に届ける）精度を高めることへと役割の中心が移行していきました。

　「予算配分」と「ターゲティング精度」を適切にして効率的なコミュニケーションを実現すべく、IMCの手法はますます進化しています。

　当初企業のマーケティング部門は、IMCによってマス広告では伝えられなかったブランドの魅力を詳細かつ網羅的に伝えることを期待していました。

　しかし、どんなにターゲティングの効率を高めて様々なメディアで情報を発信しても、結局生活者は興味がそそられ自分が欲しいと思える情報にしか振り向かないものです。そこで現在は、IMCを通じてターゲットが興味関心を持つコンテンツをいかに作れるかに関心が集まっています。当たり前に感じるかもしれませんが、

企業側が伝えたい情報と生活者が欲しい情報をマッチングさせるのは結構難しいからです。

　もう一つ関心の高まっているポイントがあります。現在の日本は高齢化が進み、多くの市場は成熟しています。高齢化社会では、若い人を新規顧客として獲得するだけでなく、既に顧客となっているシニア層を相手に「やっぱりこのブランドが自分に合っている」と思わせ、何度も買ってくれるファンになってもらう視点が重要になってきます。ただ成熟市場では技術や機能で差異化がしづらくなり、ブランドが持つ思想や、社会をより良い方向へと導こうとする姿勢に生活者は目を向けるようになります。特に最近、その傾向が強くなっているのです。

　こうした背景から、IMCで目指すべき方向が、新規顧客獲得のためのワンキャンペーン完結型から、既存顧客の興味や使用継続意向を維持する中長期運用型へと少しずつシフトしています。つまり、インパクトは強いけれど継続性のない打ち上げ花火のようなキャンペーンを完璧に設計するよりも、顧客の関心領域に入り込んで顧客の方から続きを知りたくなるコンテンツを届けられるようにIMCを設計することが求められているのです。

　中長期運用型IMCを設計する際には、雑誌の編集作業が参考になるでしょう。雑誌では編集者が顧客の関心のあるジャンル

を掲げて、幾つかの切り口でジャンルの魅力を掘り下げ、次の号が待ち遠しくなるように毎号設計しています。

◈ テーマを挟んで継続的に生活者と対話する

　IMCで生活者のファン化を促進したい場合、企業やブランドが社会に提示するテーマを設け、そのテーマを挟んで生活者との間で継続的に対話が続くように設計する必要があります。具体的には、生活者が商品の魅力だけでなく企業やブランドの掲げるテーマにも共感し、双方向な関係性を作ってファンになるようにします。

　ここで言うテーマとは、コンセプトとは少し違います。テーマとコンセプトの違いは、生活者にあるイメージを持たせることを目的としたものがコンセプトであり、ブランドへの共感を通じて行動を促すことを目的としたものがテーマです。コンセプトは静的ですが、テーマの方が動的で汎用的です。

　生活者のファン化を目的とすると、企業やブランドが提供するサービスとコミュニケーション戦略との間の境目がだんだんなくなっていきます。Webサイト上の一過性のキャンペーンのコンテンツを考えているうちに、そのコンテンツのアイデアが継続的に使われるアプリやシステムを開発するきっかけになっていた、といった具合です。今後IMCのテーマは、企業のパーパスに近づい

テーマを介して顧客と対話し続ける

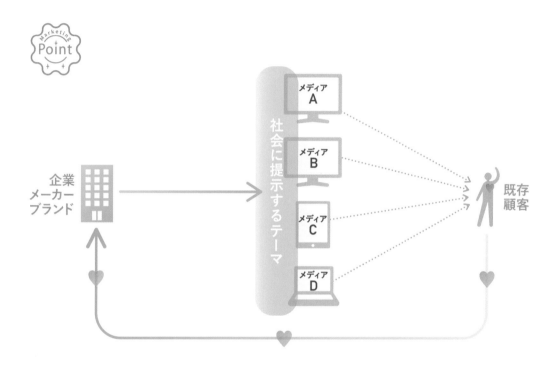

IMCを適切に設計すると、生活者のファン化を促進できる。そのためには、企業やブランドが社会に提示するテーマを設け、そのテーマを挟んで生活者との間で継続的に対話が続くように設計する必要がある

ていくでしょう。現代のマーケターには、コミュニケーションとサービスを切り分けずに一緒に開発していくスキームや体制が求められます。

Check''

1 現在のプロモーションはIMCの
概念に従って統合的に行う

2 既存顧客の興味や使用継続意向を
維持する中長期運用型を目指す

3 企業やブランドは社会テーマを提示して
これを通じて生活者と対話する

先輩マーケターからの
アドバイス

やりたい仕事を明確にして突っ走るのもいいですが、はっきりした目標がなくても気持ちにゆとりを持っていろいろ経験すると、苦手領域を減らせてあとが楽になると思います。マーケティングの楽しさは、クライアントや協業企業、生活者、そして自分の3つの意識がそろう解を見つけることだと思います。楽しんで体感してください。

二木 久乃
Hisano Niki

博報堂　プラニング局部長
ストラテジックプラニングディレクター

メディアごとの特性を知る
上手な活用で「4P」も進化

マーケティング戦術の「プロモーション」を成功させるには、複数の
メディアをそれぞれの特性をきちんと理解した上で上手に活用す
ることが欠かせません。デジタル技術の進展によって新しいメディ
アが次々と生まれていますから、常に最新のメディア事情にも目を
配る必要があります。

メディア
「マス4媒体」「ネットメディア」「バーティカルメディア」など
消費者とのタッチポイント

マス4媒体
利用者が多く影響力の高い「テレビ」「ラジオ」「新聞」「雑誌」

バーティカルメディア
特定領域のテーマや市場に特化して深掘りする新興ネットメディア

メディア

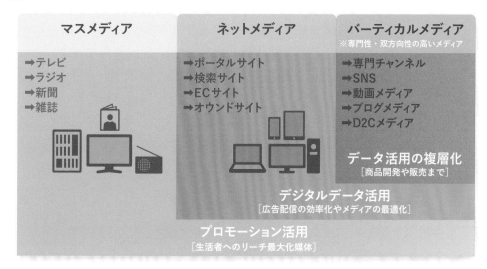

マスメディア	ネットメディア	バーティカルメディア ※専門性・双方向性の高いメディア
➡テレビ ➡ラジオ ➡新聞 ➡雑誌	➡ポータルサイト ➡検索サイト ➡ECサイト ➡オウンドサイト	➡専門チャンネル ➡SNS ➡動画メディア ➡ブログメディア ➡D2Cメディア

データ活用の複層化
［商品開発や販売まで］

デジタルデータ活用
［広告配信の効率化やメディアの最適化］

プロモーション活用
［生活者へのリーチ最大化媒体］

インターネットの出現により、生活者が情報を得る際の行動は大きく変化し、マス4媒体以外のメディアを好む消費者が増えている。検索サービスやポータルサイトは、マスメディアと同等の影響力を持っており、こうした状況を踏まえたメディア活用が欠かせない

　皆さんが普段接しているメディアには、どのようなものがあるでしょうか。従来は「テレビ」「ラジオ」「新聞」「雑誌」のいわゆる「マス4媒体」と呼ばれるものが代表的なメディアでした。それぞれは多くの利用者を抱えていますが、一方で最近はテレビよりもインターネットの方がよく見るメディアだという人が増えています。

　インターネットの出現により、生活者が情報を得る際の行動は大きく変化しました。マス4媒体が主流だった時代には画一的だった情報の摂取方法が、個々人の趣味や嗜好性に沿ったものへと変わってきたのです。ネットメディアの代表格である検索サービスやポータルサイトは、今では従来のマスメディアと同等の影響力を持っています。

　マーケティング視点で見ると、メディアの多くはこれまで生活者にコンテンツを届ける役割を持つだけでなく、ターゲットに対して企業や商品の情報を伝達する「広告」の役割も果たしてきました。テレビにおけるテレビCMが、分かりやすい例でしょう。

　マーケティングにおけるメディアの役割や領域は、メディアの変遷によって大きな変化を遂げてきました。例えばネットメディアでは、テレビや新聞では難しかった生活者データを獲得することが容易です。このため、生活者のページ閲覧履歴や検索履歴などを取得し、生活者の嗜好性を基に効果的かつ効率的なアプロー

チが可能になりました。一部のEC（電子商取引）サイトなどでは、個人の嗜好性に関するデータを活用し、次回の購買に結びつけようとする広告サービスを提供するのが一般的です。

◉ 裾野が広がるバーティカルメディア

注目すべきは、専門性を高めた「バーティカルメディア」と呼ばれるネットメディア群が近年出現していることです。ある特定領域のテーマや市場に特化して深掘りするようなネットメディアを指します。一般的なネットメディアで取り上げられる情報だけでなく、専門性が高く、独自性も高いコンテンツを提供しているのが特徴です。例えば「スポーツ」「コスメ」「自動車」「トラベル」などについて扱うバーティカルメディアが多く存在しています。

生活者に影響力を持つインフルエンサーなどと呼ばれるユーザーが登場し、動画やSNSなどを通じてグルメやエンタメのような特定テーマに特化した情報提供をすることも増えてきました。バーティカルメディアの裾野は、どんどん広がる傾向にあります。

バーティカルメディアの場合、特定カテゴリーに興味を持つ生活者や専門的な知識を持つ編集者を抱えている点は見逃せません。マーケティング視点で考えると、彼ら彼女らはまさに企業や商品のターゲットそのものです。

メディアの運営者と共に特定領域に対して熱のこもったコミュニティーを形成しているのです。いわば、既に顕在化しているターゲットと潜在的なターゲットが集まるマーケティングの実験場のような装置としてバーティカルメディアは機能し始めています。テストマーケティングにバーティカルメディアを活用する企業もたくさん出てきています。

バーティカルメディアの特徴として、特定カテゴリーに対する専門性の高さに加えて、双方向性の高さも挙げられます。同じ興味関心を持つ人たちの集まり（コミュニティー）ですから、メディアの中での滞在時間が長くなりコミュニケーションも必然的に盛んになりやすいのです。会員一人ひとりに対して単にコンテンツを提供するだけではなく、イベントや会員特典などメディアとの関係性をさらに深める活動を通じてリアルタイムに生活者とつながることも難しくありません。

マーケティング視点で捉えると、こうした強固なコミュニティーは様々なデータを活用しやすくするメリットがあります。例えば「記事PV（ページビュー）や動画再生数などのコンテンツに関するデータ」や「生活者の視聴履歴や属性・嗜好性などのオーディエンスデータ」は、環境やトレンドを分析し顕在または潜在のターゲットを見つけるために活用できるでしょう。

メディアデータの活用

[メディアデータの幅]　　　　　　　　　　　　　[データ活用する目的]

コンテンツデータ	環境分析のトレンド 市場の把握
オーディエンスデータ	ターゲット戦略
生声定性データ	コンセプト開発 アイデア開発
リアルタイム反応データ	戦略・戦術の再構築 テストマーケティング

メディアのデータをマーケティングに活用する際には、データが多様で定量かつ定性的でなければ本質的な活用ができない。多様なデータを取得して分析できる仕組みを導入し、マーケティングに活用する道筋をつくることは、現代のマーケターにとって重要な役割である

●「D2Cメディア」で生の声も集めやすく

もしバーティカルメディアがEC機能を持っていれば、メディアの読者が購買ターゲットになり得ます。実際、商品・サービスの直販機能とメディア機能を併せ持つ「D2Cメディア」がここに来て増えてきています。

また生活者が書き込んだ意見からは、潜在的なニーズが発見できます。従来はインタビュー調査を実施してコンセプトやアイデア、商品開発についての意見を聞いていましたが、D2Cメディアならターゲットが発する実際の生の声を集めやすくなります。これは市場の受容性を見極めるデータなので、戦略や戦術を再構築したりPDCAサイクルを回したりする際に活用できます。

バーティカルメディアのEC機能を使って、市場へ投入する前にテストマーケティングを実施し、適切な価格設定を探るアイデアもあるでしょう。実際Webやアプリ、SNSなどを活用して自社商品や他社商品を販売するバーティカルメディアも出てきています。

このように、バーティカルメディアの特徴である専門性と双方向性の高さを生かすと、データの質と幅を飛躍的に向上させ、マーケティングの基本要素である「4P」全体に影響力を及ぼすことさえ可能になります。ただメディアのデータをマーケティングに活用する際には、データが多様で定量かつ定性的でなければ本質的

バーティカルメディアデータが4Pを進化させる

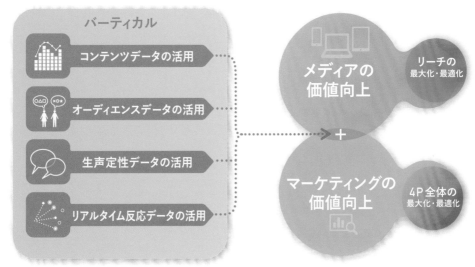

バーティカルメディアの特徴である専門性と双方向性の高さにより、強固なコミュニティーから様々なデータを得やすくなる。データの質と幅を飛躍的に向上させれば、マーケティングの基本要素である「4P」全体に影響力を及ぼすことさえ可能になる

な活用ができないことに注意が必要です。多様なデータを取得して分析できる仕組みを導入し、マーケティングに活用する道筋をつくることこそが、現代のマーケターにとって重要な役割だと私は思います。

　同様に、メディアごとに様々な資産がありますので、それぞれをどのように活用していくかもマーケターの腕の見せどころです。例えばメディアを運営する編集者やライターは専門知識を有しており、彼らの意見をマーケティングに組み込めば、環境分析や商品開発に大きな貢献をもたらすでしょう。

　また、顕在・潜在ターゲットをマーケティング戦略の初期段階のうちに組み込んでおけば、市場拡大に向けた新たな知見を得られるかもしれません。当然ながらメディアは、メディア制作やその運営体制を保有していますから、自社メディアを開発する際に協働できる可能性もあります。

　このように、メディアや自社が保有する様々な資産は、単に保有するだけではなく、どう活用するのかが重要であり、マーケターの知恵や経験が求められます。メディア活用のためのサービスなどを使って活用視点で自社メディアや外部メディアを見直してみると、今後のマーケティング戦略を立案する上で大きなヒントが隠されているかもしれません。

1 専門性を高めた「バーティカルメディア」
を駆使できるかが成功の鍵を握る

2 EC機能も持ち合わせる
「D2Cメディア」で〝生の声〟を集める

3 データは多様に収集した上で
定量かつ定性的に分析する

先輩マーケターからの
アドバイス

普段生活していて、「おかしいな」「なぜだろう」と疑問に感じることってありませんか？ マーケターの仕事は、より良い社会づくりに貢献することだと思っています。皆さんの想いを実現するためにも、仕組みとしてのマーケティングを学び、実践の中でマーケターとしての個性を磨き、明るい未来を切り開いてください。

堀内 悠
Yu Horiuchi

博報堂　CMP推進局部長
マーケティングプランニングディレクター

マーケティングプロセスを
きちんと運用するために

「環境分析」「戦略」「戦術」で進めることになる一連のマーケティングプロセスを、効果的かつ効率的に進めるためには、何らかの管理手法が必要です。それが「マーケティングマネジメント」です。

Keyword

マーケティングマネジメント
一連のマーケティングプロセスを効果的かつ効率的に進めるための管理手法

KGI
最終的に何を目指すのかを数値化して示した指標

KSF
KGIをどのような価値を提供して実現するかを表した方法

KPI
KSFの達成度合いを数値で示す指標

マーケティングマネジメント

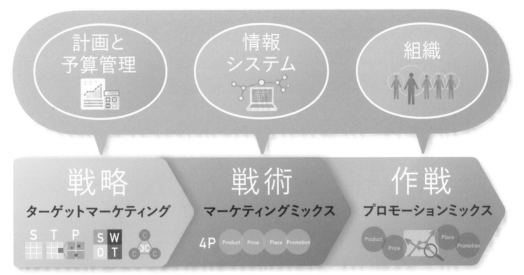

戦略を立てずにいきなり4Pのような戦術を考えてしまったり、戦略と戦術、作戦がうまく連携しなかったり、マーケティングがプロセス通りに実行できないことが多いのが現実だ。そこで重要になるのが、全体観に基づいてマネジメントすることだ

　マーケティングで最初に行うのは、自社の強みを見つける〝環境分析〟です。そして次の段階が、「ターゲットマーケティング」といわれるマーケティングの〝戦略〟を立てる手順です。その後、「マーケティングミックス」と呼ばれる4Pの組み立てによってマーケティングの〝戦術〟を組み立てます。その際に、4Pの中のプロモーションを細分化した「プロモーションミックス」と呼ぶ具体的なマーケティングの作戦を実行していくことになります。

　こうした一連の手順をマネジメントするためには、3つのことが重要です。(1)「マーケティング計画と予算管理」(マーケティングの目標を定義し、達成状況を数値化して適切な予算配分を実施する)、(2)「マーケティング情報システム」(市場状況や販売状況、競合状況などを把握するための情報収集および分析するシステムを整備する)、そして(3)「マーケティング組織」(円滑に実行するために従業員の組織や評価の仕組みなどを設計・管理する)――です。これらをうまく遂行することこそが、マーケティングマネジメントです[※1]。

　しかしながら、このような全体観に基づいたマネジメントがうまく実行されないことが多いのが現実です。例えば、「戦略」「戦術」「作戦」の順番通りに進まないケースはその一つ。戦略を立てずにいきなり4Pのような戦術を考えてしまったり、プロモーショ

ンアイデアの作戦を考えたりしてしまうことは、マーケティングの世界ではよくあることです。もう一つは、順番に進んだとしても戦略と戦術、作戦がうまく連携しないケースです。戦略が曖昧だったばかりに、戦術が〝総花的〟なものになってしまうのは典型例でしょう。

　マーケティングマネジメントを考える上では、この2つの大きな障壁をどう乗り越えるかが課題です。

➜ 2つの視点で全体を管理する

　マーケティングそのものが今激変しつつありますから、当然マーケティングマネジメントも変化に合わせて進化しなければなりません。マーケティングマネジメントの未来について2つの視点から考えてみたいと思います。

　まず1つ目の視点は、組織の横断化です。マーケティングは現在、製品・サービスの開発に始まり生活者に向けたアフターサービスに至るまで、一連の企業活動をけん引する重要な役割を担いつつあります。故にマーケティング組織には、関連部署を全体最適化する視点で横断的に見渡す位置付けが求められています。様々な部署が関わりながら途切れなく業務を遂行するには、マーケティングに携わるメンバー全員が動きやすい目標を設定しなけ

ればなりません。組織の活動を円滑にする目標と言い換えてもいいでしょう。

2番目の視点は、事業やブランドの存在意義（ブランドパーパス）や体験価値（ブランドエクスペリエンス）につながる価値を創造するアイデアを創出することです。これからのマーケティングは、ブランドパーパスやブランドエクスペリエンスが重視されるようになります。

結果として、マーケティングの目標は「売り上げを何％上げる」「ブランド認知率を何％上げる」といった自社都合の事業目標だけではなく、「生活者に対する価値をどう高めるか」といった生活者の価値により沿ったマーケティング目標を設定しなければなりません。

● 目標は3つの指標と方法で考える

以上2つの視点を踏まえてマーケターが業務を遂行しやすく、かつ生活者の価値の視点にも基づいた目標を立てるにはどうすれば良いのでしょうか。

重要なのは、「KGI（Key Goal Indicator）」「KSF（Key Success Factor）」「KPI（Key Performance Indicator）」の3つの指標と方法です。KGIは最終的に何を目指すのかを数

KGI、KSF、KPI

指標	**KGI** Key Goal Indicator	**KSF** Key Success Factor	**KPI** Key Performance Indicator
内容	最終的に何を目指すのかを事業視点で数値化して示す指標	目標を実現する、自社だから生活者に提供できる方法	KSF の達成度合いを測る指標
例えば 自動車 メーカー	購入者の継続率	運転が楽しいという実感を日常的に作ること	年間走行距離の前年比

マーケターが業務を遂行しやすく、かつ生活者の価値の視点にも基づいた目標を立てるためには何らかの目標が必要だ。それには3つの指標と方法を使って、チーム全体で共有できる目標を立てることが重要である

値化して示すものです。あくまで目標でしかありませんので、どうやってこの目標を実現するのかをKSFで示します。そしてさらに、KSFの達成度合いを測るものとしてKPIがあります。

　ある自動車メーカーを例に、3つの指標と方法を使った目標の立て方を説明しましょう。この会社は、「顧客の継続率」を何より重視しています。これがKGIです。KGIを達成するには様々な選択肢が考えられますが、自社だからこそできる打ち手で顧客に訴えたいところです。強みは走行性能やデザイン性なので、その車に乗って運転が楽しくなることが価値になります。つまりKSFは、「運転が楽しいという実感を日常的に作る」こととなります。そして、運転の楽しさを確実に顧客へ提供できているかを測らなければいけませんから、KPIとして「年間走行距離の前年比」を設定する、といった具合です。

　なお、KSFがKGIの達成に寄与するのかなど、3つの指標と方法が効果的に結びついているかは検証していく必要があります。ポイントは、KSFに「自社だからこそ生活者に提供できること」という視点を加えたことで、結果としてビジネス視点のマーケティング目標であるKGIが、生活者の価値視点の指標としてのKPIにうまく転換できている点です。ブランドパーパスやブランドエクスペリエンスにつながる価値を創造するようなアイデアを創出する

マーケティング目標は生活者視点で立てる

【事業視点の指標】 **【生活者価値視点の目標管理】**

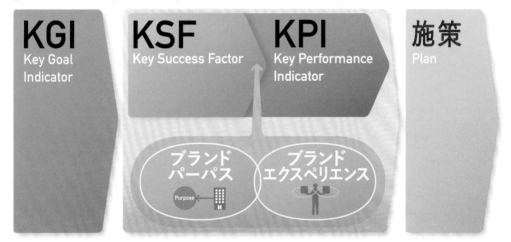

「生活者価値視点」の目標設定が重要になる

KSFに「自社だからこそ生活者に提供できること」という視点を加えることで、ビジネス視点のマーケティング目標であるKGIが、生活者の価値視点の指標としてのKPIにうまく転換できるようになる。この視点を持ってマーケティング目標を立てることが重要である

には、この視点が重要になります。

　言うまでもなく、KGIよりも具体的な数値目標のKPIの方が、マーケターとしては日々の業務を遂行しやすいでしょう。顧客の継続率を上げるよりも、年間走行距離を伸ばす方がより具体的な施策を思いつきやすいからです。自動車ディーラーなら、「楽しく運転できる近隣のロードマップを作る」「担当している顧客の年間走行距離を営業の評価項目に加える」「カーナビの走行履歴を基に週末のおでかけスポットをスマートフォンに通知する」など、生活者価値視点の指標のKPIだからこその施策が生まれやすいと言えます。

　KGIからKPIになると目指すべき方向が固まりアイデアが具体化されやすく、結果として業務を遂行しやすくなります。しかも、価値視点にも基づいたマーケティングが可能になるのです。マーケティング目標に沿ってマーケティング全体をうまく管理していくことこそが、これからのマーケティングマネジメントになっていきます。

※1　『コトラー&ケラーのマーケティング・マネジメント 第12版』(フィリップ・コトラー、ケビン・レーン・ケラー著、丸善出版)

Check

1 「計画と予算管理」「情報システム」「組織」で全体管理する

2 組織を横断化し、生活者の価値により沿った目標を設定する

3 「自社だからこそ提供できること」という視点に立って考える

先輩マーケターからの
アドバイス

マーケティングは、いろいろな仕事の中でも「正しさ」だけでなく「面白さ」も求められる仕事です。だからこそ何より自分自身が楽しんでマーケティングに向き合ってください。それはある意味、マーケティングに携わる人間の特権ではないかと思います。もちろん、本書のような様々な考え方をしっかりと押さえましょう

荒井 友久
Tomohisa Arai

博報堂　マーケティングシステムコンサルティング局　部長
チーフマーケティングプランニングディレクター

グローバル市場で成功する
マーケティングはこう実践

グローバルブランドの場合、進出先の国や地域の現地市場の実情に合わせて日本とは異なる仕様の商品を投入したり、異なるイメージの広告を展開したりしているでしょう。海外市場を攻略するには、グローバル市場を見据えてマーケティングを効果的かつ効率的に実行するための管理手法が求められます。

Keyword

ローカライゼーション
各国・地域の市場に合わせてマーケティングミックスを最適化すること

ローカライゼーション

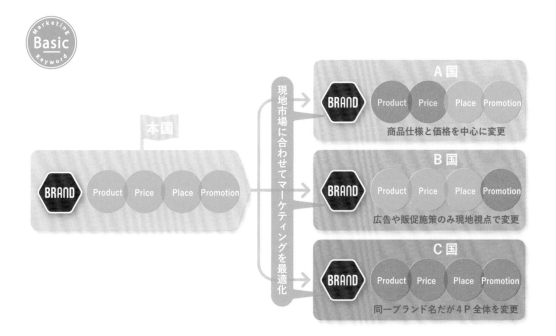

Basic
Marketing Keyword

本国

BRAND Product Price Place Promotion

現地市場に合わせてマーケティングを最適化

A国
BRAND Product Price Place Promotion
商品仕様と価格を中心に変更

B国
BRAND Product Price Place Promotion
広告や販促施策のみ現地視点で変更

C国
BRAND Product Price Place Promotion
同一ブランド名だが4P全体を変更

グローバルブランドの多くは、進出する国・地域の市場特性に合わせて4P(「プロダクト」「プライス」「プレイス」「プロモーション」)の最適化を行うローカライゼーションを行っている。どの程度のローカライゼーションを行うかは、進出した先の市場の文化や生活習慣、競合環境などを鑑みて決定されることが多い

　グローバルブランドが、各国・地域の市場に合わせて4P（「プロダクト」「プライス」「プレイス」「プロモーション」）である「マーケティングミックス」を最適化していくことを、「ローカライゼーション」と呼びます。ヘッドクオーター（本社）が本国で採用しているマーケティングミックスを微修正している場合もありますが、国や地域ごとに4Pを全て変えてしまうことも珍しくはありません。

　「日本ではドラッグストアで比較的安価に手に入るブランドだが、別の国では専門店を構えてプレミアム感のある広告活動を展開。高価格帯の商品を中心に販売している」といったケースです。

　一般的にブランドが海外進出をしていく際には、最初は本国での成功パターンをある程度そのままの形で輸出しようとします。しかし商習慣や競合環境、ターゲットの嗜好の違いなどから本国での成功パターンが通用せず、ローカライゼーションを迫られることはよくあります。

　もちろん、戦略的にローカライゼーションを極力行わないブランドも存在します。世界中のどこに行っても同じ商品を共通のメッセージで広告し、共通デザインの店舗で販売するファッションブランドはその代表です。欧米系の自動車ブランドや化粧品ブランドも、グローバルでの一貫性を重視する戦略をとる傾向が強いです。

　しかし、欧米とは異なる文化・生活習慣を持つ中国やインドなど

の新興市場では、現地に根差した戦略を採用して成長する現地のローカルブランドが力を付けています。競合するには、ローカライゼーションが求められます。

結果として、欧米市場を軸に作り上げてきたマーケティング戦略をそのまま適用するスタイルから方向を転換しようと考えるブランドが増えてきています。

➡ 数値目標やガイドラインの共有だけではうまくいかない

ローカライゼーションを進める際には、当然現地市場に精通する現地拠点（自社の現地法人や販売代理店など）の役割が重要です。しかし単純に全てのマーケティング業務を現地拠点に任せきりにしてしまうと、ヘッドクオーターがグローバル共通で打ち立てようとするブランド像と各地でのブランド像が乖離（かいり）してしまうといった問題が出てきます。ヘッドクオーターが中長期戦略上で重要と考える商品に対して、現地拠点が販促予算を十分に用意しないといったことも起こってしまいます。

そこで多くのグローバルブランドでは、売り上げやシェア、ブランド認知率、イメージ指標などのKPIとその達成に必要となる予算を、ヘッドクオーターと現地拠点が協議して設定しています。これを受けて現地拠点がマーケティング計画を立案し、ヘッドクオー

ターの承認を得た上で具体施策を企画・実行していくわけです。

　このケースでは、ヘッドクオーターはブランドイメージの毀損につながるような活動が現地で行われないように、ロゴの使用や店舗デザイン、広告制作上守るべきルールなどをガイドラインとしてまとめます。そして現地拠点に順守するよう求めます。ヘッドクオーターはKPIの達成状況を逐次確認し、現地拠点が起案する施策がガイドラインに照らして問題ないかチェックしていくのです。

　しかしヘッドクオーターと現地拠点の間で数値目標やガイドラインを共有するだけでは、なかなかローカライゼーションはうまく進展しません。「現地拠点からブランド好感度向上のキャンペーン企画が上がってきたが、我々のブランドらしさが感じられない」「KPI未達成の要因分析を詳細に行ったつもりだが、ヘッドクオーターからは論理的ではないと何度も指摘される」──。こんな問題が起こりがちで、ヘッドクオーターと現地拠点の双方で不満やストレスがたまってしまうことは多いようです。

　結果として商習慣や文化的背景の違いや現地拠点の考え方をなかなか理解できないヘッドクオーターに対して、現地拠点は心理的な距離を感じてしまいます。コミュニケーションに消極的になれば、ローカライゼーションはうまくいきません。ヘッドクオーターは、現地拠点の信頼関係を強化してローカライゼーションをダイナ

ミックに進めるためにKPIや守るべきガイドラインを単に提示する
だけの〝管理者的な〟存在にとどまり続けるわけにはいかなくなっ
てきているのです。

● ブランドパーパスまで共有するのが重要

　では、どうすれば良いのでしょうか。例えばヘッドクオーターが
「全世界で高齢者からのブランド好意度を80%にする」という目
標を立てたのなら、その数値を現地拠点と共有するだけででは達
成は難しいでしょう。「高齢者が自尊心を持って自律的に活動でき
る社会を実現する」というブランドパーパス（ブランドの社会的存
在意義）まで共有することが重要になります。

　現地拠点がブランドパーパスに共感し、「何のためにその商品
を売るのか」「なぜそのターゲットに積極的にアプローチするの
か」という根幹の部分を理解できていれば、ヘッドクオーターが目
指すブランド像と乖離した施策が起案されることは減っていくに
違いありません。

　また言語や文化が異なると、論理展開の仕方や資料の作り方
が異なることもしばしばあります。それでは、「現地拠点が起案す
る戦略に至ったロジックを、ヘッドクオーター側が理解しきれない」
「ヘッドクオーター側からの要望が、現地拠点へ正しく伝わらな

い」といった擦れ違いが生じてしまいます。

　そのため、市場分析のフレームワークやマーケティング調査の方法、カスタマージャーニーのまとめ方など、マーケティング戦略や具体施策を立案するためのメソッドをヘッドクオーターと現地拠点で共通化していくことが有効です。例えば、カスタマージャーニーをヘッドクオーターと各現地拠点が同一の形式でまとめておくようにすれば、現地拠点側の課題意識がどこにあるのかをヘッドクオーターが正確に理解できるでしょう。類似の課題を克服した他国の成功事例を紹介するといった対応もしやすくなります。メソッドを共有すれば、ヘッドクオーターと現地拠点が協働し、双方の納得のいくローカライゼーションを進めやすくなるでしょう。

　KPIやブランドのガイドラインが引き続き必要なことには変わりありません。しかしながら、最近はグローバル企業によっては現地拠点の能力が向上している場合があります。こうした企業の現地拠点であれば、現地の実情に合わせたマーケティングを自ら推進したいと考えるのは自然な流れです。特に市場としての重要性が高まる新興国の現地拠点では、これまで以上に裁量権を求める傾向が強まっていきます。

　現地拠点が力を付けてきたのであれば、ヘッドクオーターはKPIやガイドラインを細かく設定するなど管理者的な色彩を強め

ヘッドクオーター（HQ）と現地拠点はパーパスなどを共有する

KPI やガイドラインを提示する管理者的 HQ　→　パーパスやメソッドを共有する伝道者的 HQ

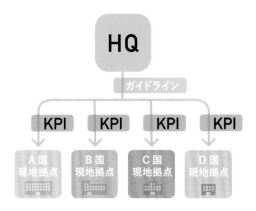

HQと現地拠点は、管理する側とされる側の関係

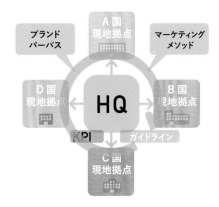

HQと現地拠点は パートナー関係

現地拠点が力を付けてくると、管理者的な色彩を強めたヘッドクオーターのままではコミュニケーションが悪化するリスクがある。ブランドの根幹にあるパーパスやそこに向かって戦略や施策を立案するメソッドを現地と共有する「伝道者」のような動きが今後求められる

たままだと、ヘッドクオーターと現地拠点の関係性が悪化するリスクがあります。そうではなく、ブランドの根幹にあるパーパスやそこに向かって戦略や施策を立案するメソッドを現地と共有する「伝道者」のような動きをすべきでしょう。

　現地拠点を管理対象ではなくパートナーとして捉え、現地拠点が主体的に動き、パフォーマンスを最大化できる環境をいかに整えられるか。それこそがこれからのヘッドクオーターの役割であり、ローカライゼーションの成否を左右するといっても過言ではありません。

Check

1 本国での成功パターンが
他の国や地域でも通用するとは限らない

2 ヘッドクオーターと現地拠点は、
数値目標を共有するだけでは不十分

3 メソッドを現地と共有する「伝道者」が
これからのヘッドクオーターの役割

先輩マーケターからの
アドバイス

各地の文化や生活習慣の違いを考慮しながら、ブランドの
提供価値やメッセージを決めていくグローバルマーケティン
グは、難易度は高いですが、刺激的な仕事です。求められ
るマーケティングスキル、用いるフレームワークなどは世界
共通なので、どんどんチャレンジしてみてください。

多田 敦洋
Atsuhiro Tada

博報堂　グローバル統合ソリューション局
ストラテジックプラニングディレクター

マーケティングとは本来、
経営者の視座を持って行うべきもの

　「マネジリアルマーケティング」──。若いマーケターの方々には、聞き慣れない言葉かもしれません。これは、米国から1950年代の日本にマーケティングという学問が初めて紹介されたときに提唱された概念です。1960年に日本で初めて神戸大学で「マーケティング論」の講座が開設された際、当時の講義でマーケティングは、「Market＋Ing＝市場を作る」「マーケティングとは顧客の創造」[※1]と説明されました。また、位置付けとして、「マネジリアル＝経営トップの市場戦略立案の手法」[※2]だともされました。すなわちマーケティングとは、事業全体を俯瞰（ふかん）する経営者の広い視野の中で行われるべきだと定義されたのです。

　その後、日本企業にマーケティング部門が数多く設置されるようになると、マーケティングに対する見方が変わります。「マーケティングとは販売やプロモーション」という矮小（わいしょう）化された概念として捉える風潮が強まりました。技術や生産などの「モノづくり」を重視してきた日本企業に対して、マーケティング活動を担った広告会社などがしきりに言い立てすぎたことが影響してい

ると思います。

　しかしここ十年、あらゆるサービスをインターネットを介して提供する「XaaS（X as a Service、ザースと読む）」やオープンイノベーションによってモノづくりの〝外部化〟が加速し、IoT（インターネット・オブ・シングス）やビッグデータによって顧客情報の収集が容易になりました。その結果日本企業は、既存の競争資源（生産技術や品質管理など）を強みとして発揮しづらくなり、事業戦略を組み直す機運が高まっています。デジタル技術の進化によって、これまでできなかったことが簡単にできるようになり、マーケターの役割も不可逆的に広がっていきます。コロナ禍で、DX（デジタルトランスフォーメーション）という言葉が連日メディアで躍るようになったのは、まさに環境変化に対応する事業変革をしなければ、取り残されてしまうという危機感の表れでしょう。

　言うまでもなく、もはやマーケターの〝本分〟とは、狭義の販売やプロモーションだけを扱うものではありません。私たち博報堂のマーケティングプラナーとして若いマーケターの皆さんにお伝えしたいことは、1960年に定義されたような本来あるべき経営者の視座を持つ「ビジネス全体の設計者＝ビジネスデザイナー」になることこそが、マーケターの〝本分〟だということです。そんな意識を持って、ぜひ古くて新しくて奥深い活動であるマーケティングに携わってほしいものです。

※1 『現代の経営〈〔正篇〕〉事業と経営者』(ピーター・F・ドラッカー著、自由国民社)
※2 『米日間でのマーケティング技術の移転モデル』(小川功補著、日本マーケディング協会)

先輩マーケターからの
アドバイス

「マーケティングは、新しい市場をつくる仕事。これほど面白い仕事はめったにないよ」。私が入社した時に言われた言葉です。世の中の変化がどんどん早まり、市場の境界線が曖昧になって、異業種格闘技になっている時代です。マーケターの仕事はもっともっと面白くなりますよ。

牧口 松二 博報堂　マーケティングプラニング戦略局長代理
Shoji Makiguchi　チーフマネジメントプラニングディレクター

Part

2

デジタルナレッジ
応用編

マーケティングデータには
どんな種類があるのか

マーケティングにおいても、デジタル対応が必須の時代になってきました。デジタル化に取り組むトリガーは、増え続けるデータの存在です。データをうまく活用しながら行うマーケティングを「データ・ドリブン・マーケティング」といいます。データとの付き合い方を知っておくことが大切です。

Keyword

ファースト・パーティー・データ
顧客情報など自社で取得するデータ

セカンド・パーティー・データ
金融情報など他社が持っているファースト・パーティー・データ

サード・パーティー・データ
データ収集を専門とするベンダーが収集し外部提供するデータ

ゼロ・パーティー・データ
ユーザーから同意を得て取得するファースト・パーティー・データ

ファースト／セカンド／サード／ゼロ・パーティー・データ

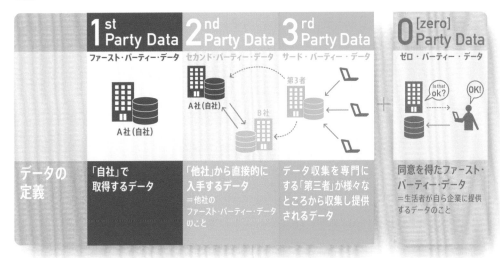

マーケティングの現場では、「誰がそのデータを持っているか」という視点でデータを分類
する。自社が持っていればファースト・パーティー・データ、他社が持っていればセカンド・
パーティー・データ、第三者が持っていればサード・パーティー・データとなる

　データとは、いわば「食材」のようなものです。「野菜」「肉」「魚」といった種類が食材にあるように、データにもいくつかの種類があります。マーケティングの現場でよく使われるデータを分類する方法として、「誰がそのデータを持っているか」という視点があります。どんなデータがあるのか見ていきましょう。

　最初が、「ファースト・パーティー・データ（1st Party Data）」です。自社で取得するデータを指します。「ファースト（1番目）＝英語の1人称であるI（私）」と捉えるとよいでしょう。例えば企業が自ら取得している顧客データ（氏名、メールアドレス、電話番号）や、購入履歴データなどは典型的なファースト・パーティー・データです。

　次が「セカンド・パーティー・データ（2nd Party Data）」。他社から直接的に入手するデータを指します。「セカンド（2番目）＝英語の2人称であるYou（あなた）」と理解すると分かりやすいです。自社（I）から見て、他社（You）が持っているファースト・パーティー・データという意味です。例えば自社では取得が難しい金融資産や収入などに関するデータなどがセカンド・パーティー・データです。

　「ファースト」「セカンド」に続く、3番目が「サード・パーティー・データ（3rd Party Data）」です。「データ収集を専門とするベンダー（第三者）」が様々なところから収集して提供するデータを

指します。「3番目＝英語の3人称であるHe／She（彼／彼女）」と覚えましょう。

　自社とは全く関係のない〝第三者〟が独自に集めているデータで、例えばWebサイトの閲覧履歴データに基づいて推定される「興味・関心データ」などが一般的です。「サッカー好き」「旅行好き」といった情報は、サード・パーティー・データを活用することで得られるようになります。

　最近新たに注目されているデータの捉え方として、「ゼロ・パーティー・データ（0 Party Data）」があります。ユーザーが明示的な同意をもって自ら進んで提供するデータのことを指します。「同意取得済みファースト・パーティー・データ」と端的にいわれることもあります。ユーザーの同意なく自動的に収集されてしまうファースト・パーティー・データと区別するため、こう呼ばれています。個人情報保護やプライバシーに対する配慮はマーケティングでも欠かせませんから、データを利活用する際にはユーザーの同意が取れているか否かを確認することが大切です。

● データは生活者発想で読む

　さて、データはただ収集するだけでは役に立ちません。データはマーケティングのためのいわば食材ですから、〝調理〟してビジネ

スに利活用できるように料理に仕立てて初めて使える情報になります。料理人たるデータマーケターの腕の見せどころというわけです。

　博報堂では、マーケティングデータを扱うときに大切にしている視点があります。それは、「生活者発想でデータを読む」視点です。データは人々の活動のログとして、至る所で大量に生成されます。ただし、Webサイトの閲覧履歴データだけ、購買の履歴データだけ、位置情報データだけを見ていても生活者一人ひとりの生活の全体像はなかなか分かりません。そこで、できるだけ多くの種類のデータを組み合わせ、生活者の生活を24時間・365日丸ごと捉えて理解しようとします。

　あるロングセラーブランドの機能性食品について分析をしていたときの話をしましょう。ダイエット効果が売りの食品でしたが、生活者は効果を感じなくなったり、飽きたりしてくると一定期間後に離れてしまう課題がありました。購買データを分析すると、40〜50代の男性がよく買ってくれていることは分かりました。しかし、購買データだけではそれがどういった顧客の姿なのかは見えませんでした。

　そこで購買データに加えて、購入者の「Web閲覧履歴データ」「生活・消費意識データ」「メディア接触データ」を複数集め、統

複数のデータで生活者を立体的に捉える

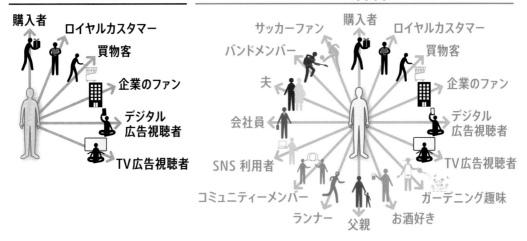

データはできるだけ単独ではなく、複数組み合わせて使う方が有益なことが多い。様々な
種類のデータを掛け合わせると、顧客を立体的かつ多面的に深く理解できるようになる

計的に掛け合わせて分析をしてみました。すると「40～50代の男性」で「まだまだ若さを保ちたいけれど体が変化している」、しかも「ITリテラシーが高く」「ファッション系サイトをよく見て」「同時に加齢臭対策グッズを購入し」「健康のためではなく、体重を減らしてモテたいと考えている」といった特徴が見えてきました。

いわゆるモテたいニーズを強く持つ中年層だったのです。こういった分析結果を基に、商品の機能を中心にした広告訴求から、"モテ"を意識した広告訴求に切り替えました。すると、優良顧客の継続率がアップするという成果を出すことができました。

このように、データはできるだけ単独で使わず、複数組み合わせて使う方が有益なことが多いのです。今回ご紹介したような様々な種類のデータを掛け合わせるのは、顧客を立体的かつ多面的に深く理解できるからです。そこで博報堂では、生活者発想でデータを読み解く思想を常に大切にしたいという思いから、データ・ドリブン・マーケティングを「"生活者データドリブン"マーケティング」と呼ぶようにしています。

Check

1 データは「誰がそのデータを
持っているか」で4つに分類できる

2 できるだけ多く組み合わせて、
生活者の生活を丸ごと捉える

3 〝生活者データドリブン〟型で
マーケティングを実行しよう

先輩マーケターからの
アドバイス

データとは「人間そのもの」です。1行のログの裏側には必ず誰かがいて、欲望が渦巻き、人生があります。データ分析とは「人生を想像すること」です。きっと泥臭く、非合理的だけれど、キライになれない人間らしさを発見できると思います。技術に溺れず、データの「声」に耳を傾けてください。データは必ず答えてくれますよ。

徳久 真也
Shinya Tokuhisa

博報堂　CMP推進局部長
チーフビジネスディベロップメントディレクター

信頼を得てメリットも提供
個人情報の活用は慎重に

生活者のデータを活用するに当たっては、マーケターは個人情報保護に留意しなければなりません。生活者は、自分のデータがどのように取り扱われているのかについて不安に感じており、透明性を担保することを企業に求めています。

個人情報

2020年時点の日本の法令では、特定の個人を識別できる情報だと定義されている

個人情報

個人情報＝特定の個人を識別することができる情報	単独で個人情報となるもの	氏名、指紋、顔認証、DNA、旅券番号、免許証番号など
	組み合わせて個人情報となるもの	氏名＋住所、電話番号、行動履歴など

他の情報と容易に照合でき、特定の個人を識別できる情報 （Webブラウザー識別子「Cookie」とスマートフォンなどデバイス識別子「広告ID」は、単体では個人を特定できず個人情報ではないが、個人情報とひも付いている場合は、個人情報として取り扱いが必要）

単独で個人情報と認められるものとしては、「氏名」「指紋」「旅券番号」などがある。氏名などと組み合わせると識別可能になる住所や電話番号なども個人情報に該当する

　生活者一人ひとりに関する個人情報としては、「各種サービスの登録情報」「行動履歴情報」「デバイス情報」などがあります。こうしたデータを企業が扱うと、マーケティングを通じて「個人に合った情報・広告が提供される」「望まない情報・広告が減少する」といった利便性を生活者に対して提供できるようになります。

　一方で生活者からすれば、「知らないうちにデータが収集される」「個人の詳細な特徴に関する情報が集積される」と懸念するのは当然です。データを活用する際には、法令で定められた個人情報を法令にのっとって正しく扱うだけでなく、生活者に不信感や懸念を抱かせないようにデータを取り扱わなければなりません。

　では、データ活用の透明性を担保する重要性が高まっている中、具体的にはどうすればよいのでしょうか。

● より厳格化される個人情報関連の法規制

　まず、日本の法令で定められている「個人情報」の定義について、整理してみましょう。

　そもそも個人情報とは、特定の個人を識別できる情報を指します。単独で個人情報と認められるものとしては、「氏名」「指紋」「旅券番号」などがあります。住所や電話番号などは単独では個人を識別できるものではありませんが、氏名などと組み合わせる

と識別可能になります。ですから、これらもやはり個人情報に該当します。

　また、Webブラウザーの識別子である「Cookie（クッキー）」[※1]や、スマートフォンやタブレットといったデバイスの識別子である「広告ID」[※2]などは、単独では個人情報ではないとされています。あくまでもWebブラウザーやデバイスが識別できるだけだというのが理由です。

　しかしながら、企業が管理している顧客情報など他の情報とクッキーをひも付けると、個人の識別ができる場合があります。こうしたケースについては、現時点における法令上はクッキーや広告IDであっても個人情報として扱うべきだと整理されるのが通例です。

　一方欧米では、日本と異なりクッキーや広告IDは規制の対象になっています。特に欧州では、2016年に一般データ保護規則（GDPR）が制定され[※3]、生活者のデータの取り扱いをより厳格にするよう企業は要請されるようになりました。企業がGDPRを順守しないと巨額の課徴金を課される例もあり、日本企業にとってもデータの取り扱いはより一層重要度を増しています。

　こうした昨今の個人情報保護・プライバシー保護の潮流を受けて、日本でももっとデータの取り扱いを厳格にしようとする動きが

出てきました。2020年6月、改正個人情報保護法が公布され、2社間でデータ連携する際の新しい規律が導入されることが決まりました。クッキーや広告IDなど非個人情報（法文上は個人関連情報）であっても、データを受け取る側となる企業が自社で保有する個人情報とひも付ける場合、事前に生活者の同意を取得することが今後必要になりました。

　生活者から具体的にどう同意を取るかについてはまだ詳細が確定していませんが、日本においても生活者のデータに関して透明性をさらに担保しなければならなくなるのは間違いないでしょう。

● 生活者にいかにメリットを提供できるか

　法令を順守しつつデータを安全・安心に活用するために、新しい仕組みや技術も生まれています。例えば、個人が自分のデータを預けられる「情報銀行」や、直接連携せずに個人データを統計的な傾向値として活用する「統計処理」がそれです。

　情報銀行は、生活者のデータをより安全・安心に扱う日本独自の仕組みで、2019年に総務省が「情報銀行認定制度」[※4]を開始したことで生まれた概念です。データを適切に管理・取り扱う企業を情報銀行として国が認定。生活者は、自分のデータの取り扱い

情報銀行

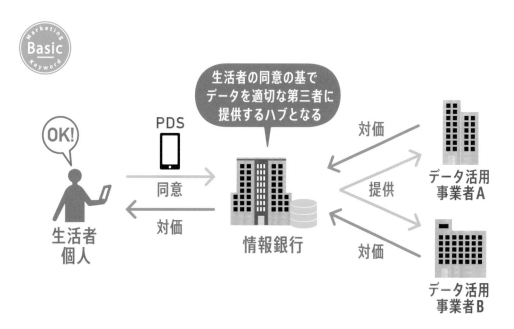

個人からの同意を受けて、個人情報を適切な第三者に提供・販売する仕組み

生活者のデータをより安全・安心に扱う日本独自の仕組みで、2019年に総務省が「情報銀行認定制度」を開始したことで生まれた概念。データを適切に管理・取り扱う企業を情報銀行として国が認定する。生活者は、自分のデータの取り扱いを信頼できる企業に委託できるようになる

を信頼できる企業に委託できるようになります。情報銀行は生活者のデータをデータ利用企業に対して提供する代わりに対価を受け取ります。その対価は生活者に還元される仕組みによって、生活者のデータ流通を活性化させようというわけです。

もう一つの統計処理は、直接的に〝生〟のデータを企業間でつなぐのではなく、データに対して統計的な処理を施して傾向値を把握する方法です。例えば博報堂DYグループは、特許技術を使って企業が保有する顧客データを統計データに変換して企業間でデータを流通できる「k-統計化＆データフュージョン」[※5]を開発しましたが、まさにこのためのサービスです。

このサービスでは、2社間でそれぞれ保有する顧客データを個人情報保護法に抵触しない統計データとしてまず変換・拠出します。その上で、統計データのうち特徴が似たデータ同士を疑似的に統合します。これにより、企業が既に保有している顧客データを、安心して全量扱えるようになります。

生活者のデータと誠実に向き合う上では、企業はそのデータを活用してどれだけのメリットを生活者に提供できるかを考えることが成功の鍵を握ります。対価としての金銭だけではなく、生活者本人に対して利便性を向上させるようなサービスを提供できれば、生活者から信頼されるでしょう。結果として、より多くのデータ

統計処理の例

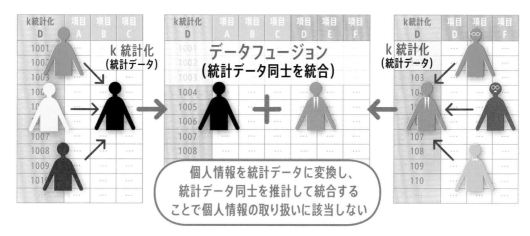

> 個人情報を統計データに変換し、
> 統計データ同士を推計して統合する
> ことで個人情報の取り扱いに該当しない

自社顧客データに外部データを付与することで、
自社顧客の外部での消費傾向など顧客の360度を把握できる

博報堂DYグループの「k-統計化&データフュージョン」の場合、2社間でそれぞれ保有する顧客データを個人情報保護法に抵触しない統計データとして変換・拠出した上で、統計データのうち特徴が似たデータ同士を疑似的に統合する。これにより、企業が既に保有している顧客データを、安心して全量扱えるようになる

の提供を受けられるようになります。こうしたベネフィットは、「パーソナルユーティリティー（生活者個人にとっての有用性）」と呼ばれます。

　ベネフィットを提供できる企業だけが、今後さらにデータを活用したビジネスを成長させられるに違いありません。ベネフィットを企業と生活者間で好循環させる仕組みをいかに構築するかが、データを活用した新たなマーケティングの主戦場になっていくと思われます。

新しい仕組みを作ってベネフィットを提供する

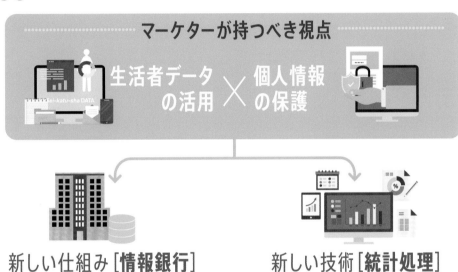

新しい仕組み［**情報銀行**］　　　新しい技術［**統計処理**］

情報銀行や統計処理の結果、生活者本人に対して利便性を向上させるようなサービスを提供できれば、生活者から信頼される。結果として、より多くのデータの提供を受けられるようになる。「パーソナルユーティリティー（生活者個人にとっての有用性）」のあるベネフィットをいかに提供するかがマーケターの腕の見せどころだ。

※1　Webサイトを閲覧した際に保存されたWebブラウザーに関するデータおよびその仕組み情報のこと。Cookie IDが保存されることで、固有のブラウザーであることを特定できる

※2　スマートフォンやタブレットといったデバイス固有のID。広告識別子とも呼ばれる。広告目的に限定して使用される。アップルのiOSでは「IDFA（Identifier For Advertising）」、米グーグルのAndroid OSでは「AAID（Android Advertising ID）」と呼ばれる

※3　欧州連合（EU）内の全ての個人のために、データ保護を強化し統合することを意図して制定された規則。日本企業であってもEU市民のデータを扱う場合には、GDPRに準拠してデータを取り扱う必要がある

※4　総務省・経済産業省が主導した「情報信託機能の認定に係る指針」にて提唱された枠組みにのっとった「情報銀行」事業者を認定する制度。情報銀行事業者の認定は、日本IT団体連盟（以下、IT連盟）が推進しており、「情報信託機能の認定に係る指針」およびIT連盟として策定した情報セキュリティー対策やプライバシー保護対策などに関する認定基準に適合していることを審査する。認定を受けた情報銀行事業者およびサービスは、安全・安心な情報銀行としてアピールできるが、認定を受けなくとも情報銀行事業を推進することは可能

※5　個人情報を保護しつつ、複数のデータを統合して利活用する技術（特許取得済み）。まずデータソースごとに個人データを加工し、任意で設定可能な人数以上によって構成されたマイクロクラスタを生成することで、元データの情報損失を抑えつつ非個人情報化を行う（k-統計化処理と呼ぶ）。次に複数のデータソースで作成したマイクロクラスタ同士で、特徴が似たマイクロクラスタを統計的に結び付けることでデータを統合する（フュージョン処理と呼ぶ）。これら一連の処理により、個人レベルの詳細情報ではないものの、元データが持つ子細な統計的特徴を保持しつつ複数のデータが統合されたリッチなデータを生成することが可能となる

Check

1 「個人情報」の定義は
日本の法令で厳密に定められている

2 欧米では、日本と異なりクッキーや広告ID
は単独であっても規制の対象になる

3 データ流通を活性化させるには
情報銀行や統計処理を活用する

先輩マーケターからの
アドバイス

今、データを活用したマーケティングで世の中を動かす仕事
が増えていますが、一方でデータの保護や規制への対応
もホットなテーマになっています。データの活用とデータ保
護の両面に対応できる人材の価値が高まっています。机
上の理論だけでは実務に対応できないので、実務に飛び
込んで知見を身に付けてください。

西村 啓太
Keita Nishimura

博報堂DYホールディングス
マーケティング・テクノロジー・センター 主席研究員

ビッグデータと向き合い顧客への理解を深めよう

膨大な種類と数のデータが、今この瞬間にも発生し続けています。実際のところ、一体どうやってこれらの大量データをマーケティングに活用していけばよいのでしょうか。大量のデータをタイムリーかつスピーディーにマーケティングに生かせる状態を築くには、「マーケティングデータ基盤」を活用することが重要です。

Keyword

CDP（カスタマー・データ・プラットフォーム）
自社が持つ顧客データを中心に人単位で蓄積・管理する基盤

DMP（データ・マネジメント・プラットフォーム）
Webサイトの閲覧履歴などのデータを蓄積・管理する基盤

CDPとDMP

CDP Customer Data Platform	DMP Data Management Platform
人ベースでの管理が中心（自社顧客ごとのIDで管理）	クッキーベースでの管理が中心（主にWebブラウザー単位での管理）

CDP

外部 DMP　　　自社 DMP

連携

組み合わせることで
幅広いデータがつながり、より精緻な活用が可能に

CDPが顧客データを扱うのに対し、Webサイトの閲覧履歴であるCookie（クッキー）を
扱うのがDMPだ。前者が具体的に顧客が誰かが分かるので人単位で管理するのに対
し、主にクッキーという仕組みに頼るDMPでは、アクセスしてきたパソコンやスマートフォ
ンのWebブラウザーを顧客と推定して管理する

　データを収集・蓄積し、管理するマーケティングデータ基盤は、いわばデータを入れておく〝箱〟のようなもの。管理するデータの違いによって「CDP（カスタマー・データ・プラットフォーム）」と「DMP（データ・マネジメント・プラットフォーム）」の2種類があります。

　CDPとは、「ゼロ・パーティー・データ」や「ファースト・パーティー・データ」など、自社が持つ顧客データ（メールアドレスや自社での購入履歴データなど）を中心に人単位でデータを蓄積・管理していくための基盤です。

　DMPは顧客データではなく、主に「Cookie（クッキー）」の仕組みを活用し、Webサイトの閲覧履歴などのデータを管理するものです。クッキーとは、Webブラウザーを介して訪問者のコンピューターに一時的に簡単なデータを書き込む仕組みや情報のことです。具体的には、訪問者を識別するIDや認証、訪問回数の記録などです。再訪問したWebサイトで誰かをクッキーで特定することにより、結果としてユーザーが自身に関する情報入力などの手間を省けるようにしています。

　DMPには、自社ブランドサイトの閲覧データなどを中心に管理する「自社DMP」と、外部企業のセカンド・パーティー・データ（他社Webサイトの閲覧データ）やサード・パーティー・データ

（推計の性別や年齢、居住地区などのデモグラフィック情報や興味関心領域の情報など）を中心に管理する「外部DMP」（パブリックDMPと呼ばれる場合もある）があります。どちらのDMPも、CDPと違ってクッキーを主に利用するため、正確な人単位ではなくWebブラウザー単位で管理します。

　従来はCDPとDMPそれぞれ別のツールとして存在していましたが、最近ではCDPとDMPの機能を統合したツールも登場しています。

● 解像度を上げて、セグメンテーションを行う

　では、マーケティングデータ基盤で一体、何ができるのでしょうか。一つは「顧客の解像度を上げる」こと、もう一つは「顧客のセグメンテーションを行う」ことです。

　顧客の解像度を上げるとは、実際に収集・蓄積したデータを基に、様々な角度から自分たちが抱える顧客像への理解を深めていくことです。例えば、自社商品の購入金額や購入頻度の高い〝ロイヤルユーザー〟にはどんな特徴があるのかなど、自分たちの商品を買ってくれる顧客をしっかり理解します。データマーケティングの根幹とも言える部分です。

　もう一つの顧客のセグメンテーションを行うについては、顧客の

タイプを性別や年齢などの属性や興味関心などの違いで分類することです。セグメンテーションは他にも、今まさに顧客になりそうかどうかの見込み度合いをブランドサイトの閲覧ページの深さや最近訪問したタイミングなどで判定して分類する方法もあります。こちらは「HOT度」と呼ばれます。いずれにしろ、セグメンテーションで分類したデータは、様々な施策を行うチャネルと連携させて活用します。

CDPとDMPという2種類のマーケティング基盤を実際に活用をしていく際に重要なことがあります。それは、CDPにある自社顧客の中の情報だけに閉じず、なるべくDMPが保有するサード・パーティー・データなどを組み合わせて幅広いデータを活用して機会ロスがないようにすることです。サード・パーティー・データを使うことで、自社顧客データでは不足している属性情報や、顧客情報からは分かりにくい趣味嗜好などが把握でき、顧客の解像度をより上げることができるからです。

同様に、顧客のセグメンテーションもより精緻にしていくことが大切です。例えば不動産物件の販売でデータを活用する場合、物件の資料を請求した際に得た顧客情報に加え、サード・パーティー・データを活用します。これにより「新築派なのか戸建派なのか」「投資観点を重視しているのか」「子育て環境を重視して検討

顧客像への理解を深めて分類する

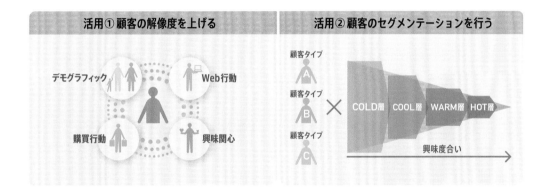

CDPやDMPといったマーケティングデータ基盤を使うと、顧客ごとにどんな特性があるのかを深く知ることができ、また性別や年齢、趣味関心などで分類することでそれぞれの集団ごとにマーケティング施策を打つことも可能になる

しているのか」といった購入希望タイプを把握できるようになります。

　さらに、「結婚・出産・転勤といったライフイベントで購入ニーズが高まりつつあるのか」「他物件を含めて頻繁に比較検討し購入意欲がとても高そうか」などのデータも手に入れられれば、見込み顧客のHOT度合いも精緻に把握しやすくなります。

　様々なデータを収集・管理できるマーケティングデータ基盤は、基盤自体はあくまでデータを収めて整理する箱にすぎません。一体何が課題であり、そのためにどんなデータを収めるべきなのかについては、マーケター自身が仮説を立てて考える必要があります。

　ですから、顧客とじっくり向き合って理解を深めるためには、まずどのようなデータがあると良いかを考え、導き出したデータを具体的に分析実行可能な状態でデータ基盤に収めていかなければなりません。マーケターはこのあたりをしっかりと理解し、考えていく必要があるでしょう。

Check"

1 マーケティングデータ基盤には
扱うデータの違いによって2種類ある

2 CDPとDMPで管理できる
データの違いを理解する

3 どの種類のデータを収めるべきかは、
仮説を立てて考えてみる

先輩マーケターからの
アドバイス

6～7年前に「DMP」「データドリブン」に取り組み始めた頃、具体的な活用ケースはほとんど見当たらず、自分で実際に使ってみながら、理解を深めていったことをよく覚えています。新人マーケターの皆さんも、まずは実際のツールやデータを自分の手でガシガシ触ってみてほしいです。まずはそこから始めていきましょう。

片岡 遊
Yu Kataoka

博報堂DYメディアパートナーズ　データビジネス開発局部長
ビジネスデザインディレクター

「見つけて」「育てる」
データは外部連携で輝く

様々なデータを収集・管理するマーケティングデータ基盤を使って顧客の解像度を高め、さらに顧客のセグメンテーションを行えるようになったら、どのように顧客と対話していけばよいのでしょうか。ターゲットに対して具体的にアプローチするには、生活者との接点を支えるコミュニケーションツールへの連携が欠かせません。

Keyword

コミュニケーションツール

様々なチャネルに設けている顧客接点を通じた交流を管理するソフトのこと

コミュニケーションツール

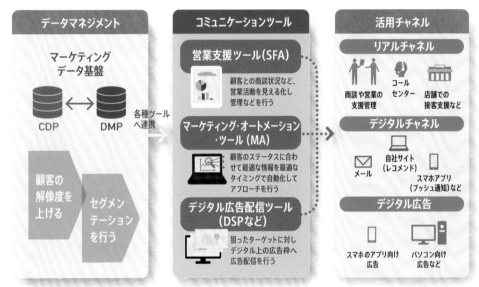

コミュニケーションツールとしては、顧客との商談状況などを可視化し営業活動に生かすための「営業支援ツール（SFA）」や、あらかじめ設計したシナリオに基づいてメルマガなどで配信する「マーケティング・オートメーション・ツール（MA）」、そしてデジタル上で興味関心の高いユーザーにターゲットを絞って広告配信を行う「デジタル広告配信ツール（DSP：Demand-Side Platform）など」がある

「CDP（カスタマー・データ・プラットフォーム）」と「DMP（データ・マネジメント・プラットフォーム）」は、様々なコミュニケーションツールと連携が可能です。主なツールとしては、顧客との商談状況などを可視化し営業活動に生かすための「営業支援ツール（SFA）」や、あらかじめ設計したシナリオに基づいてメルマガなどで配信する「マーケティング・オートメーション・ツール（MA）」、そしてデジタル上で興味関心の高いユーザーにターゲットを絞って広告配信を行う「広告配信ツール（DSP：Demand-Side Platform）など」があります。

これらのツールを通じて、店舗やコールセンターなどのリアルなチャネルや、メールや自社サイトなどのデジタルなチャネル、パソコンやスマートフォン向けのデジタル広告など、様々な顧客接点でデータを利用できるようになります。

では、どのようにこれらのツールを取捨選択して最適なアプローチ手法を設計していけばよいのでしょうか。

⮕ ポテンシャル層を発掘し、見込み客と既存顧客を育成する

主なアプローチには2種類あります。一つは、自社の顧客になりそうな「ポテンシャル層を発掘していく」アプローチ、もう一つが「見込み客および既存顧客を育成していく」アプローチです。

ツールを取捨選択する際の2つのアプローチ

アプローチ	主要な活用ツール	できること
ポテンシャル層の発掘	デジタル広告配信ツール	・狙ったターゲットへ直接アプローチ ・機械学習などで効率的にターゲットを発掘
見込み客および既存顧客の育成	マーケティング・オートメーション・ツール	・顧客タイプや見込み度合いを分類しシナリオ設計 ・本契約への移行、クロスセル

コミュニケーションツールにはたくさんの種類があり、目的に沿って最適なツールを取捨選択する必要がある。そのためには2つのアプローチで考えるのが良い。

　前者のポテンシャル層の発掘については、新規の顧客層を開拓するため主にDSPなどのデジタル広告配信ツールを活用するのが有効です。マーケティングデータ基盤を通じて、直接狙ったターゲットへアプローチすることも可能です。また、DSP（もしくは付随するDMP）の中にある膨大なオーディエンスに関するデータから機械学習などの手法で効率的に自社顧客に近いターゲットを発掘することも可能です。

　この手法は、「Look Alike」または「オーディエンス拡張」と呼ばれます。例えば、自社の購入者データの中から行動パターンが似ていて関心のありそうなターゲットを探すのです。

　後者の見込み客および既存顧客の育成については、主にMAと連携させてメルマガやサイトでレコメンデーションを行って顧客を育成します。顧客タイプを分類したり、セグメンテーションによって見込み度合いである「HOT度」によるランク分けをしたりして適切なシナリオを設計します。その上で、商品をトライアル利用しているなら本契約へ移行させたり、別の商品をクロスセルさせたりします。

　不動産物件の販売のためにHOT度によるランク分けを顧客に対して行うのであれば、次のようにします。結婚や出産といったライフイベントが発生したタイミングを購入の兆しと捉えて

「HOT度低ランク」、競合を含めた物件情報サイトを閲覧し始めたタイミングは「HOT度中ランク」に、自社の物件情報サイトを一定の頻度で閲覧し始めたタイミングは「HOT度高ランク」といった具合にランク分けをします。

　HOT度高ランクについては、さらに細かく定義します。「自社の物件情報サイトの詳細ページまで見た」「資料請求のアクションをした」「滞在時間が一定以上ある」などで分けるとよいでしょう。また、サイトのどのページを具体的に見ているのかといった情報などから、「物件購入の目的が投資ニーズ」「子育て環境を重視している」といったことを推定。それぞれのニーズに合わせてオファーする（届ける）メッセージの内容も変えていきます。

● 施策の反応結果に基づいて運用を改善

　ポテンシャル層の発掘と顧客の育成の2つのアプローチで、それぞれの施策効果を上げるために重要となるポイントは、実施した施策の反応結果に基づいて運用を改善していくことです。

　デジタル上では、どのようなターゲットのどんなオファーに対する反応が良かったのかは、「広告クリックの反応率」「メールの開封率」「最終的な成約率」などのデータで具体的に把握できます。これらの結果を基に、活用するチャネルの種類やオファーする

メッセージの内容などを見直し、またターゲットや活用するデータそのものを見直すことも重要です。

そのためにはまず、各施策の反応結果を検証できるように、計測方法や計測指標を明確にしておきましょう。また、結果を関係者の間でよりスピーディーに共有し合うために、ダッシュボードツールなどと連携することも有効です。

最近のCDPやDMP、そして各コミュニケーションツールは、登場したばかりの数年前に比べて性能が向上し、UI（ユーザーインターフェース）が使いやすくなりました。現在はコミュニケーションツールは機能ごとに細分化されていますが、今後は統合された「ワンパッケージ型」が増えていくかもしれません。またアプローチ可能なチャネルも、デジタルからリアルな世界へと徐々に広がっていくとみられます。

いずれにしても、こうしたツール群の「最適化」「効率化」「自動化」といった機能はさらに進化していくに違いありません。結果として、マーケターにとってより使いやすいツールになるはずです。

マーケターとしてこうしたツールの活用スキルを積極的に高めておくことは、各施策の精度向上につながる意味でも非常に重要になるでしょう。もちろん一人ひとりの顧客と向き合い、どんなシナリオで誰に何を体験してもらうかといった設計力や想像力も同時

反応結果に基づいて改善運用する

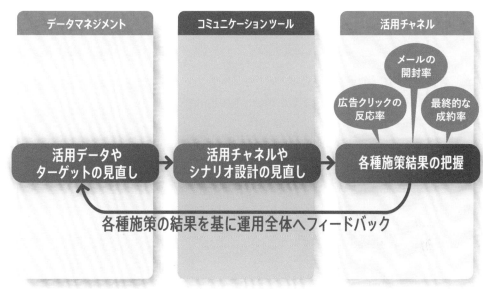

実施した施策効果を上げるためには、施策ごとの反応結果に基づいて運用を改善していく。各施策の反応結果を検証できるように、計測方法や計測指標を明確にしておくことが重要だ

に磨くことが大切なのは言うまでもありません。

Check

1 「ポテンシャル層の発掘」
「顧客の育成」の2軸で考える

2 各施策の反応結果を基に改善し、
次の運用に生かしていく

3 施策の反応結果を検証するため、
計測方法や計測指標を明確に

先輩マーケターからの
アドバイス

頭では理解できていることと実際に活用できることとの間
には、雲泥の差があると思います。私も、「システム連携が
うまくいかない」「結果のデータが取れていない」などいろ
いろな失敗がありました。皆さんも、やり始めて順調にいか
ないことがあるかもしれませんが、諦めずに前向きに一歩ず
つ着実に進めていきましょう。

片岡 遊　博報堂DYメディアパートナーズ　データビジネス開発局部長
Yu Kataoka　ビジネスデザインディレクター

インサイトを発掘する武器 データサイエンスを学ぼう

マーケティングを実施する目的とは、「人を動かす」ことです。商品やサービスの価値を生活者に伝えて価値を体験できる仕組みを作り、人を動かすのです。マーケティングにおいてデータ分析は、人が動く可能性を探る手段であり、多くのマーケターにインサイトを発掘し戦略を構想する際のよりどころをもたらします。

Keyword

データサイエンス
ビッグデータの中から生活者の本音を見抜くための分析の道具

データサイエンス

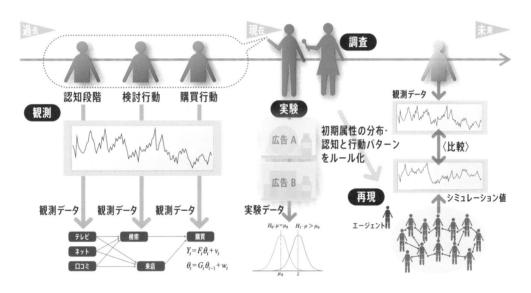

データからマーケティングの意思決定に示唆を与える何らかのファインディングス（発見）を導き出す道具がデータサイエンスだ。過去を「観測」して購買プロセスを数式化し、"ベター・ザン・ベスト"な仮説を見つけ出すために「実験」を行う。未来を予測するには、シミュレーションによって生活者の実生活を「再現」する方法が有効だ

　分析という文字の、〝分〟と〝析〟は、どちらも〝分ける〟ということを意味します。マーケターは「どうしたら人は動くのか」という問いへの答えを見つけるため、データ分析によって問いを〝分ける〟ことで〝分かろう〟とするのです。

　分析に当たっては、「5W2H」に切り分けて問いを投げかけることが重要です。具体的には、「When（いつ）：タイミング」「Who（誰が）：ターゲット」「What（何を）：商品・サービスの価値」「How（どのように）およびWhere（どこで）：購入方法や経路（チャネル）」「How much（いくらで）：価格」「Why（なぜ）：理由」——です。

　これらの問いはいずれも、「STP」や「SWOT分析」「3C分析」といったマーケティングのフレームワークに対応しています。マーケティングのフレームワークを組み立てるために、データから仮説という素材を紡ぎ出す〝道具箱〟のような存在がマーケティングにおけるデータ分析なのです。

● 生のデータから生活者の本音を見抜く

　マーケティングに利用できるデータの量と質が大きく変化するにつれて、いろいろな学問領域の分析手法が利用されるようになりました。

　調査や実験を行い、統計学を駆使して消費者心理やマーケティングの法則を導き出す研究はその代表です。既に実務への応用は一般的になっており、生活者調査を行ってSTPやSWOT分析、3C分析、ブランド・パーパス・ストーリーの考察に活用されています。こうした分析で使われるデータは、5W2Hの問いに対して明確に答えるものです。

　現在は、「デジタル・トランザクション・データ」と呼ばれるタイプのデータ活用が活発です。デジタルデバイスを通じた人の行動をリアルタイムに記録したもので、量が膨大であることから「ビッグデータ」と呼ばれます。その中には、マーケターが知りたい行動だけでなく、無関係な行動も含まれます。どの行動が問いに関するものなのかは一見分かりませんから、ビッグデータから欲しい情報を見つけ出すのは困難です。そのため、こうししたデータの状態は、「スパース（疎）」と呼ばれます。

　ビッグデータ分析に役立つ道具が、データサイエンスです。一筋縄ではいかないビッグデータの中から生活者の本音を見抜くことができるようになります。

　まず、スパースな生データを統計解析に堪えるよう整序するために、情報科学の知識や技術が応用されています。また、「深層学習」「強化学習」といった言葉を耳にしたことがあるかもしれません

が、こうした機械学習の仕組みはデジタル広告の配信や効果検証で利用されています。そして、整序されたデータからマーケティングの意思決定に示唆を与える何らかのファインディングス（発見）を導き出すに当たっては、「計量経済学」「行動経済学」「数理社会学」「認知心理学」などの知見や方法も利用されています。

➡ 購買行動を数式でモデル化する

　ここからは、マーケティングで生活者の本音を見抜くために使われるデータサイエンスの方法論を概観していきましょう。

　皆さんは、商品を買う前にどんな行動をしますか。例えば自動車や金融関連の高額商品でしたら、購入する前に十分に検討するはずです。多くの場合、検討段階で既にいくつかの検討候補をイメージしています。こうした検討候補を、私たちはどうやって知ったのでしょうか。計画的に購買するタイプの商品・サービスの場合、購買行動の前に検討行動があり、さらにその前に検討候補を思い浮かべる認知の段階があると想定できます。

　購買行動については、商品の販売数量やWebサイト上のCV（コンバージョン）データとして観測できるはずです。検討行動についてはWebサイトへの経路別流入データとして、認知段階については検索キーワードごとの検索回数として観測できるでしょ

数理モデルで購買プロセスを捉える

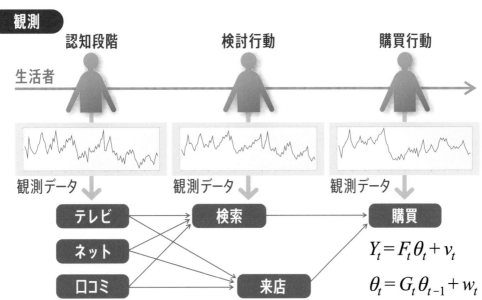

購買プロセスを観測可能なデータに置き換えて観測データ間の関係を回帰分析（多変量間の関係を解析する最も基本的な統計手法の一つ）することで数式に置き換えられる

う。認知のきっかけも、それぞれのメディアへの広告出稿量や口コミ量などで分かるはずです。

　このように、購買プロセスを観測可能なデータに置き換えるようにすれば、観測データ間の関係を回帰分析（多変量間の関係を解析する最も基本的な統計手法の一つ）することで数式に置き換えられます。つまりデータサイエンスで分析ができるわけです。

　購買プロセスを数式化する方法は、「マーケティング・ミックス・モデリング」と呼ばれます。名前が表す通り、広告などのプロモーション要素にとどまらず、「価格」「チャネル」「商品性」「競合商品の動向」「社会の出来事」を表す観測データも取り込んで分析できるのが特徴です。

　ただし、過去に実施した施策とその結果を数式化したものですから、過去からベストな方法を選ぶことはできても、さらにその上をいく“ベター・ザン・ベスト”な仮説を見つけ出すことはできません。

　そこで有効なのが「実験」です。生活者に対して仮説を提示し、その反応によって成功か失敗かを判断する実験を行うのです。

　例えばデジタル広告の領域では、「Ａ／Ｂテスト」と呼ばれる実験が多用されています。比較基準となる現在の広告と、新しい仮説を盛り込んだ実験用広告の2種類を用意し、結果を比較するの

実験によって仮説を検証する

実験

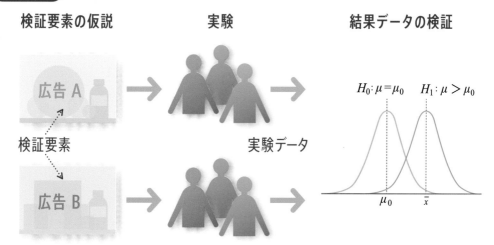

| 検証要素の仮説 | 実験 | 結果データの検証 |

広告 A

検証要素

広告 B

実験データ

$H_0 : \mu = \mu_0$　　$H_1 : \mu > \mu_0$

μ_0　　$\bar{x}$

購買プロセスを数式化する観測よりも生活者の実生活に足を踏み込むのが「実験」だ。生活者に対して仮説を提示し、その反応によって成功か失敗かを判断していく

です。A／Bテストを設計する際には、結果から要因が特定できるように検証要素を明確にしておくことが重要です。一番シンプルなのは検証要素を1つに絞り、検証要素だけが異なる素材を使って1対1で実験する方法です。ここでは、たまたまそのような結果になったのではないことを確認するため、統計的検定を忘れないようにしなければなりません。複雑なテクニックになりますが、複数の検証要素を一気に検証する「コンジョイント分析」という方法もあります。

購買プロセスを数式化する観測に比べると、実験は生活者の実生活に足を踏み込むのが特徴です。

➡ ターゲットの行動はシミュレーションで再現

さらに一歩踏み込んだ方法が、生活者の実生活を再現して明らかにする「シミュレーション」です。

代表的なのは、EC（電子商取引）サイト上で個人ごとに合ったお薦め商品を表示する「レコメンデーション」です。過去の顧客の購買履歴から購買パターンを再現する数理モデルをつくり、お薦め商品を表示するものです。裏側で動いているアルゴリズムは、商品Aを買う人は商品Bを買うというようなシンプルなものから進化しています。顧客の反応に応じて数理的なルール（数式とパラ

シミュレーションによる再現でヒントを探る

再現

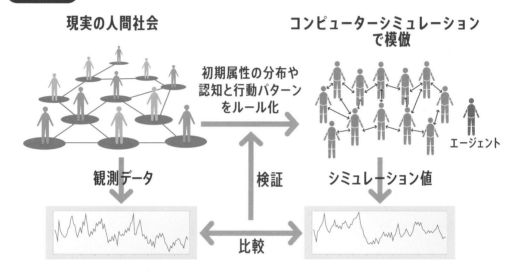

現実の人間社会

初期属性の分布や
認知と行動パターン
をルール化

コンピューターシミュレーション
で模倣

エージェント

観測データ

検証

シミュレーション値

比較

シミュレーションは、過去から現在の観測データを使った数式モデルを用いて予測を行い、その予測を現在に適用した結果を数式モデルに反映するという連続的なプロセスで成り立っている

メーター）を試行錯誤しながら、より多くの顧客の反応を得られるように学習していくようなアルゴリズムになっています。

　シミュレーションは、過去から現在の観測データを使った数理モデルを用いて予測を行い、その予測を現在に適用した結果を数理モデルに反映するという連続的なプロセスで成り立っています。深層学習や強化学習などで知られる機械学習はその一つです。画像認識でよく使われるニューラルネットワークのように、人間社会の再現を試みる「マルチ・エージェント・シミュレーション」というアイデアの研究も進んでいます。脳神経細胞（ニューロン）間の情報伝達の仕組みを模したシミュレーションを行って人の認知機能を再現する考えを発展させて、1つのニューロンを1人の人間（＝エージェント）に置き換えて人間社会を再現するアイデアです。

　マーケティングの目的である「人を動かす」ことをそのまま再現できるわけで、もし実用化すればマーケターの多くの疑問に答えてくれる強力な方法論になることでしょう。

　こうした道具を使いこなす上で忘れてならないのは、人を動かすためには何を問えばいいのか、です。データ分析に行き詰まったときには、生活者発想に基づいた問いに立ち返ることが重要です。

Check

1 分析に当たっては、「5W2H」に切り分けて問いを投げかける

2 データサイエンスによって生活者の本音を見抜けるようになる

3 データの質と量、分析の目的によって分析方法を使い分ける

先輩マーケターからのアドバイス

データ分析は、とても忍耐力を要する作業です。しかし、膨大なデータの中から、生活者の気持ちの変化やインサイトの痕跡を発見したとき、長い長い推理小説の真犯人を突き止めたときのようにうれしさが込み上げてきます。マーケティングの現場においてデータサイエンティストは鑑識であり探偵なのです。

宮腰 卓志
Takashi Miyakoshi

博報堂DYメディアパートナーズ　データドリブンビジネスセンター部長
チーフディレクター

デジタルマーケティングは世界でどう展開すべきか

ビジネスのグローバル化を前提にすると、マーケティングのデジタル化は何も国内だけで対応すればいいものではありません。世界各国・地域に向けて製品やサービスを提供するのであれば、デジタルマーケティングそのものもグローバル対応を前提に進めなければなりません。

Keyword

デジタルエクスペリエンス

オンラインサービスによって日常生活の様々な体験がデジタル化されること

デジタルエクスペリエンス

「タクシーの配車」「オンラインショッピング」「店舗での支払い」「金融」「医療」など生活の様々なシーンで、生活者の情報接触行動がオンラインサービスに依存するようになっている。生活における様々な体験がどんどんデジタル化されている

スマートフォンで検索し、オンラインショッピングで買い物し、SNSで人とつながって気になるブランドや有名人をフォローする——。このように現代の生活者は、情報接触行動の多くがオンラインサービスに広く依存しています。言ってみれば、生活のデジタルエクスペリエンス化が加速しているのです。

特に中国では、独自の新技術や機能を取り入れたオンラインサービスが登場。数億人もの利用者のデータを活用して、日々目覚ましく進化しています。

例えば10億人を超えるユーザーを抱えるある巨大プラットフォームを運営する企業は、もともとはメッセンジャーサービスで事業を興しましたが、今では「タクシーの配車」「オンラインショッピング」「店舗での支払い」「金融」「医療」など、生活の様々なシーンで利用されるサービスを提供しています。

➡ 一つのアプリが幅広いニーズを満たす

最近では、巨大プラットフォームの中で展開される「ミニプログラム」が広く活用されています。アプリの中に自社ブランドの機能やサービスを各社が設けることができる機能で、各企業は独自アプリを展開する必要がありません。

おかげで、生活者は一つのアプリさえスマートフォンにダウン

巨大プラットフォームのミニアプリ

最近では、巨大プラットフォームの中で展開される「ミニプログラム」が広く活用されている。アプリの中に自社ブランドの機能やサービスを各社が設けることができる機能で、各企業は独自アプリを展開する必要がない

ロードしておけば、日常生活の幅広いニーズを満たせるようになりました。結果として、企業やブランドごとのアプリを個別にダウンロードする必要性が劇的に減っています。

例えばある化粧品ブランドが、プラットフォームが提供するミニプログラムは、イベントに参加してクーポンを取得したり、AI（人工知能）キャラクターや同じ会員ファンたちとチャットで楽しめたり、そのままEC（電子商取引）サイトに遷移して決済・購入したりできます。

中国以外のアジアの国や地域でも、生活のデジタル化は進行しています。例えばある国のショッピングモールの地下駐車場では、自動車のナンバープレートが自動識別され、駐車した場所はショートメッセージでスマートフォンに通知され、駐車料金の支払いも自動で行われます。さらに、自動車の修理予約や試乗サービスまでスマートフォンで完結できてしまうほどです。

ヘルスケア分野でもこの国では、医師とチャットで健康相談ができます。病院の受け付けの列に並ぶことなく事前の診察予約がスマートフォンでできてしまいます。さらに、診療でポイントがたまるプログラムまであります。生活のほとんどのシーンにデジタル技術が浸透しており、日本よりも便利だと感じる例は枚挙にいとまがありません。

● 国や地域の違いや特性を踏まえる

　注意が必要なのは、国や地域ごとに活用できるテクノロジーやサービスは異なっており、生活のデジタル化の進行度に差があることです。加えて、個人情報保護を目的とした法律や現地生活者の行動特性、価値観、市場環境なども、それぞれの国や地域で違いや特性があります。

　私たちがデジタルマーケティングを展開する際には、こうした違いを理解した上で、現地の生活者に受け入れられるような持続可能な仕組みおよび体制を構築することが重要です。

　例えば中国では、国の規制で利用できない米国発のオンラインサービスがあります。このため、中国を地場とする大手オンラインサービスを活用して、中国人の生活や市場環境、そして価値観に合うデジタルマーケティングを実施しなければなりません。その上で、持続可能な仕組みや体制を構築し、運用するのです。

　生活のデジタル化が拡大したことで、コミュニケーションと体験の間に境界がなくなってきていることも見逃せません。

　従来のグローバルマーケティングでは、「広告による商品の認知獲得コミュニケーション」と「店舗での購買体験とその後の利用体験」は、基本的には別々の要件として扱われていました。しかしながら、オンラインショッピングを思い浮かべてみると分かるよう

に、コミュニケーションと購買体験が切り離せない状況が特にデジタルの世界を中心に当たり前になってきています。また、実際の利用者の体験を基にしたオンライン上での口コミが、他の生活者の認知や選択に大きな影響を及ぼすようになっています。

　一昔前のデジタルマーケティングと言えば、「オンライン広告を中心としたデジタルメディアで企業が情報を伝える」という限定的な領域をしばしば指しました。しかし今日では、情報をデジタルで伝えることに加えて、「デジタルを使った体験を設計すること」、そして「体験に関わるデータをマーケティング用途においてどう活用すべきかを設計すること」の重要性が高まってきているのです。

❯ 体験に対する要求の高度化にどう応えるか

　生活のデジタル化が進んでいる中国やその他の国や地域でマーケティングを行うときには、現地で日々生み出されている数多くのデジタルサービスを理解しなければなりません。その上で、最適なデジタルサービスを選択して企業と生活者の関係を深める体験を設計し取り入れていくことが重要だと強く感じています。

　新型コロナウイルス感染拡大による影響で、購買行動のオンライン化や非対人化、生活行動のデジタル捕捉などがアジアで著し

国・地域に合わせて体験を設計することが重要

Marketing Point

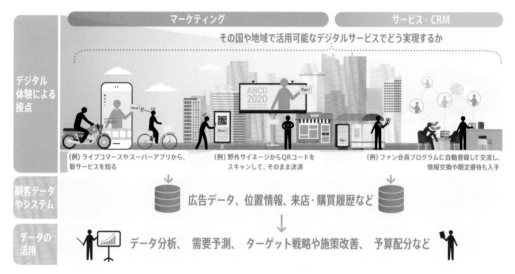

国や地域ごとに、活用できるテクノロジーやサービスは異なっており、生活のデジタル化の進行度に差がある。法律や現地生活者の行動特性、価値観、市場環境なども違いや特性があり、こうした違いを理解した上で現地の生活者に受け入れられるような持続可能な仕組みおよび体制を構築することが重要だ

く加速しています。デジタルマーケティングは、今後さらに変化していくと考えられます。

　こうした体験に対する生活者の要求が高度化していく事象は、何も海外だけではありません。国内の生活者も同様です。生活者が求めている体験を実現するためにも、グローバル視点で生活者の変化や最新テクノロジーおよびサービスを捉えてデジタルマーケティングに取り込んでいくことが、今後さらに重要になっていくでしょう。

Check

1 国や地域ごとに活用可能な
テクノロジーやサービスを理解する

2 デジタルマーケティングの施策は、
国・地域に合わせる

3 体験に対して生活者の要求は
高度化しており、日々改善

先輩マーケターからの
アドバイス

洼田 哲哉
Tetsuya Waida

博報堂
CMP推進局長代理
チーフビジネス
ディベロップメント
ディレクター

林 政博
Masahiro Hayashi

博報堂
CMP推進局部長
マーケティング
プラニングディレクター

未曾有のコロナ禍の影響もあり、日本でも海外でもデジタルマーケティングの重要度がより一層高まっています。若手マーケターの皆さんの柔軟な発想とエネルギーはニューノーマル時代のデジタルマーケティングの大きな原動力です。ぜひ、デジタルマーケティングの新しいステージを共に切り開いていきましょう。

「仕組み」と「仕掛け」が 生活者と企業をつなげていく

　マーケティングのデジタル化によって起こることは様々あります が、大きな変化の一つは、マーケティングに「仕組み」と「仕掛け」 が組み込まれていくことです。

　仕組みとは、データや、「CDP（カスタマー・データ・プラット フォーム）」と「DMP（データ・マネジメント・プラットフォーム）」と いったデータ基盤、そしてデータを分析し、顧客理解を深めて適 切な情報を配信していく基盤のことです。

　一方の仕掛けとは、仕組みを活用して生活者と関係を深めて いく施策のことです。顧客の種類別で見ると、新規顧客を獲得す るための仕掛けと、既存顧客との関係性を進化させる仕掛けの2 つがあります。また最近では、今までのようなオウンドメディアだけ でなく、アプリなどを活用したオウンドサービスを提供することで 顧客との関係をつくる仕掛けも増えてきています。

　例えば化粧品で言うと、商品紹介を伝えるホームページに加え て、AR（拡張現実）を活用した化粧品のお試し（バーチャルトラ イ）サービスの提供が該当します。情報に加えてサービスを提供

デジタルマーケティングの「仕組み」と「仕掛け」

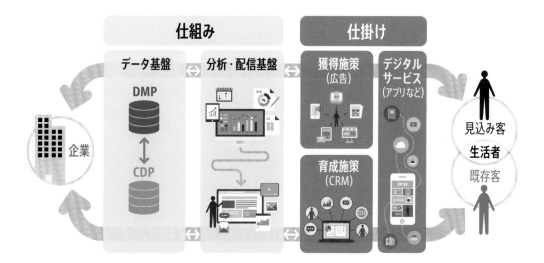

生活者の理解はマーケティングにとって非常に重要な要素であり、デジタルにおける仕
組みと仕掛けを持つことでよりリアルタイムに常時生活者の動きを把握し理解できるよ
うになる。生活者の理解度が上がれば、新しいニーズから新しい市場のチャンスを見つ
けられるなどのメリットが生まれる

することが企業のコミュニケーションの中に生まれ始めています。

　また、仕掛けの領域が多様化するにつれて、情報を全体設計するカスタマージャーニーや、情報そのものの設計に加えて、サービスなどの体験も設計することが重要になってきています。

　仕組みと仕掛けは、互いに深く関係します。仕組みを意識しないで設計した仕掛けは、継続性や再現性がなくなってしまいます。効果を把握し、改善していくことも難しくなるでしょう。また、仕組みに支配され過ぎた仕掛けでは、やれることが限定されどの施策も似たようなものになりがちで、生活者の心をつかむことが難しくなります。

　つまり「仕組みから考える」、そして「仕掛けから考える」——。いうなれば、左脳と右脳をフルに活用していくことが重要となってきているのです。

➡ 生活者とつながり続け、理解を深める装置を持つ

　仕組みと仕掛けを構築することは、企業が生活者と常時かつ双方向につながり続ける装置を持つ、ということでもあります。

　具体的には、「（1）データを基に生活者の行動や意識の理解を深める」「（2）生活者に効果的な施策を設計・展開する」「（3）生活者が施策に反応する」「（4）反応をデータ化し、顧客基盤に

格納する」「（5）企業は反応を見ながら生活者を理解し、再び最適な施策を設計・展開する」といった順序で、データを介した双方向な関係構築を常時行うことができるようになっていきます。

　情報過多な環境下では、一方的な情報提供だけでは顧客との関係性を築くことは難しいでしょう。そういった意味でも、常時かつ双方向につながり続ける装置を持つことは、これからますます重要になります。情報を伝える接点もパソコンやスマホだけでなく、様々なIoT（インターネット・オブ・シングス）デバイスに広がりますから、各デバイス横断で生活者とつながり続ける装置をどう作るかも重要な課題と言えます。

　5GやIoTといったテクノロジーの進化によって、生活者の周りに常時かつ双方向な情報・サービスが次々と誕生し、新たなビジネスや市場が生まれています。博報堂では、この新たなビジネスチャンスが生まれる市場を「生活者インターフェース市場」と定義しています。

　さらに言うと、仕組みと仕掛けの構築は単なるプロモーション領域の話にとどまりません。「商品」「価格」「流通」も含めたマーケティング全体にも関わっていきます。なぜなら、常時様々な角度から生活者の動きを把握していくことで、生活者への理解が今まで以上に進むからです。

　今までも生活者の理解はマーケティングにとって非常に重要な要素であり、そのために様々な調査が実施されてきました。しかし仕組みと仕掛けを持つことで、よりリアルタイムに常時生活者の動きを把握し理解できるようになります。

　例えば生活者の理解度が上がれば、新しいニーズから新しい市場のチャンスを見つけられるかもしれません。そうすれば、新商品開発へ生かすことができます。また、顧客不満を早期に発見できれば、商品やサービスの改善へ生かせるかもしれません。仕組みと仕掛けは生活者を理解する基盤であり、企業活動の様々な領域に活用できる基盤でもあるのです。

➡ 「想像力」と「創造力」を持とう

　今後もデータやデジタル技術によって、マーケティングは大きく変化していくでしょう。当然、仕組みと仕掛けの構築によって、企業活動も大きく変わっていきます。

　しかし忘れてはいけないのは、いくらデータやデジタルが進化しても、生活者への想像力や生活者に対して新しいものを生み出そうとする創造力がなければ、結局何の変化も起きないということです。

　データによって本質的にすべきことは、「1％スコアが上がった

か」を見ること以上に、スコアが上がった生活者の背景や文脈を理解すべく試みることです。それは、生活者に対しての想像力を発揮することそのものではないでしょうか。そして背景や文脈を理解した上で、「生活者はこういったことを求めているのではないか」「こうすれば喜んでもらえるのではないか」といったアイデアを発揮するのです。生活者への創造力こそが大事であり、そうでなければ生活者の心をつかみ続けることは難しいでしょう。

　生活者とつながり続ける仕組みと仕掛けの構築。そして、仕組みと仕掛けを稼働させるために必要な生活者への想像力と創造力。それこそが、デジタルマーケティングを成功に導くために必須の要件となっていくに違いありません。

先輩マーケターからの
アドバイス

「あらゆるものの本質を捉えよ。いたずらな刺激は、世の中を醜くする」。私が入社した時に、先輩マーケターから教わった大切な言葉です。デジタルが浸透し、データが大量にあふれ、様々なツールが生まれても、マーケターという職業が目指すべきことは変わりません。神聖な心で、本質を突くマーケティングを。

中村 信
Makoto Nakamura

博報堂　CMP推進局長
エグゼクティブマーケティングディレクター

Epilogue

博報堂　執行役員　マーケティングプラニングユニット長

岩﨑 拓
Taku Iwasaki

● マーケティングのパラダイムシフトが起こっている

　マーケティングの「裾野」が広がり、「存在感」が急拡大しています。皆さんが目にするマーケティング関連の書籍やセミナーの数も爆発的に増えているのではないでしょうか。デジタルマーケティングに従事されている方も既に数万人いるという推定値もあります。身の回りを見ても、我々の生活そのものがスマートフォンを筆頭としたマーケティングツールやその背景にあるシステムに囲まれています。新たな事業創出のために産官学で行われているPOC（実証実験）も、マーケター感覚で言えばテストマーケティングです。中国には、データマーケティングで構成されている都市もあると聞きます。マーケティングが社会的な存在となっているのは間違いありません。

　かつてマーケティングは、商品やサービス開発から販売への橋渡し的な役割でした。どちらかと言えば限られた特殊技能を持った人間が

担う〝黒子的〟な役割だったのです。本書でも触れていますが、ビジネスの世界ではマーケティングが企業活動の中核となりつつあります。デジタル化の流れの中で川上と川下が一体となり、その中心をつかさどる機能としてマーケティングが影響力を増すという大きな流れが生まれています。

さらには、業界と業界の〝際〟が流動化している中、メディアや流通の構造的な変化とも相まって、以前は存在していた勝利の方程式や定石が崩れつつあるともいわれています。おそらく「企業」「事業」「商品」ごとにそれぞれのマーケティングの生態系をつくる時代になってきているとも言えるでしょう。

それ故、現在のマーケティングの全体像を捉えることは以前に比べ難しくなってきています。例えば現状を、伝統的マーケティングとデジタルマーケティングに二分し、それぞれの領域にとどまって各論を掘り下げるような見方に陥りやすいのです。

この書籍で私たちが示したものは、日々の業務の中で、鍛えられ磨かれ生き残っているレガシーと最新最先端の知見を俯瞰（ふかん）したものです。現場の実践の中で、両者をアップデートした生きたマーケティングのエッセンスが体系化されています。現在そして近未来のマーケティングの本質的な「型」となり得るものでしょう。

新人マーケターにも理解できる内容となっていますが、これは単な

る入門編ではありません。研ぎ澄まされた本質はシンプルで筋肉質になりますが、平易な記述の背景にある幾重もの実践や知見の厚みは経験を積んだマーケターだからこそ分かる示唆に富んだ内容ともなっています。

　環境や道具立てが変化しても、マーケターの役割は変わりません。マーケティング学会初代会長の石井淳蔵先生がマーケティングの本質を「創造的適応」という言葉で表現されていましたが[※1]、現場で目の前の課題に取り組み、価値を創造し続けることがマーケターの使命です。この本でご紹介した「型」こそが、こういった取り組みをなす上での重要な土台であり、まずはそれを自分の血肉としてほしいと考えています。

➡ 「リベラルアーツ力」×「ビジネスデザイン力」で飛躍しよう

　マーケティングがビジネスの世界で担う役割は、さらに拡大しています。社会や産業全体が構造的に変革する中、マーケティングにはより一層の「創造性」が求められています。既定の市場の中でのシェア競争という場面だけでなく、広く市場を横断した産業や社会といった視座での貢献が求められているわけです。世の中や生活者をあるときは俯瞰し、寄り添い、そうしながら未来をデザインすることが要求されます。

そのためには哲学、社会科学、人文科学、サイエンスなどを横断したリベラルアーツの力が欠かせません。本書でも触れているパーパスは、この視座での洞察が求められるものだと思います。また、新たな市場を創造し事業成果に導くビジネス視点も、これまで以上にマーケターには求められています。事業や商品を横断したビジネスのデザイン力がその争点となってきます。デジタルテクノロジーは、オペレーション効率化にも寄与しますが、この視点でこそより活用されるべきでしょう。

博報堂では、フィロソフィーである「生活者発想」を軸に全社的な取り組みを進めてマーケティングの高度化に取り組んでいます。そこで我々が目指すのは、確かな「型」をベースにしつつ、マーケターが独自の視点で未来をつくっていく、「志」を持ったプランニングです。

マーケティングに絶対的な正解や一般解はありません。その時々の「実践解」そして「別解」を探し、状況を乗り越えていくところに道が開けていきます。そこには客観的なファクトだけでなく、個人の視点が大きく関わっています。だからマーケティングは面白く、深いのです。

この書籍が、こういったチャレンジをされている皆さんの一助になれば幸いです。

2020年10月

※1 『マーケティングを学ぶ』(石井淳蔵著、筑摩書房)

Prologue執筆

岡 弘子 (おか ひろこ)
博報堂　マーケティングスクール代表

1993年博報堂入社。以後2010年まで、食品、トイレタリー、教育、金融の広告や商品開発、事業開発において、主婦と子供に強くマーケターとして従事。2011年に博報堂ソリューション情報発信サービス「Consulaction」を立ち上げ。2016年博報堂マーケティングスクールを立ち上げ。慶應義塾大学大学院社会学専攻科修了、グロービス経営大学院修了

1-1執筆

土屋 亮 (つちや りょう)
博報堂　プラニング局長
エグゼクティブマーケティングディレクター

営業局、経営企画局を経て、ペンシルベニア大学ウォートンスクール留学(経営学修士)。現在プラニング局で飲料、食品、トイレタリー企業を中心に、事業戦略、新規事業・サービス開発、ブランドマネジメント、マーケティングプラン策定を支援。博報堂にて、マーケティング変革や未来構想のプロジェクトを主宰。

1-2執筆

古賀 晋 (こが すすむ)
博報堂　プラニング局部長
シニアストラテジックプラニングディレクター

ブランディング専門部門を経て、プラニング局に。現在自動車、アルコール、飲料を中心に、事業戦略、ブランドマネジメント、マーケティングプラン策定を支援。未来をシナリオ化し、マーケティングに生かす「LEAD2025プロジェクト」を主宰。

1-3、1-4執筆

北畑 亮 (きたはた りょう)
博報堂　プラニング局部長
チーフマーケティングプラニングディレクター

マーケティング局、営業局、データドリブンマーケティング局を経て現職。現在は食品、飲料、トイレタリー、ビューティーなど一般消費財企業を中心にマーケティング戦略、新規事業・商品・サービス開発、マーケティングプロセス改革を支援。データドリブン・アプローチによる「生活者理解」と「未来洞察」をベースとした課題解決を志向する。

1-5執筆

中平 充 (なかひら みつる)
博報堂　プラニング局部長
ストラテジックプラニングディレクター

2004年総合広告代理店に入社し、営業職や統合プラニング職を経て、2013年博報堂入社。トイレタリー、自動車、情報サービス、食品など様々な企業のブランド戦略、マーケティング戦略、コミュニケーション戦略を担当。

1-6執筆

猪上 学 (いのがみ まなぶ)
博報堂　データドリブンプラニング局部長
マーケティングプラニングディレクター

2004年総合広告代理店に入社。マーケティングセクションにて、コミュニケーションプラニングに従事後、2007年に博報堂に入社。入社後は情報通信、保険、飲料、小売流通、自動車などの業種において、ブランド戦略立案から顧客獲得プラニング、デジタルマーケティング戦略策定まで幅広い領域を担当。

1-7執筆

井手 宏臣 (いで ひろおみ)
博報堂　プラニング局部長
兼 ミライの事業室
チーフマーケティングディレクター

営業局、プラニング局を経て、早稲田大学大学院商学研究科を修了(MBA)。住宅、自動車、流通、運輸、日用品などの各種業界の事業計画立案・実行支援を担当。特にソーシャルデータから生活者の声を読み解く先進技術のグローバル調達およびその活用による商品開発プロセスの強化・革新支援に強み。ミライの事業室を兼務し、サプライチェーン全体のデジタルトランスフォームについて研究・検証中。

1-8執筆

入江 謙太（いりえ けんた）

博報堂　マーケティングシステム
コンサルティング局部長
チーフビジネスプロデューサー

マーケティング、クリエイティブ、デジタルを統合したコミュニケーションプランニングの知見と、広告を超えた新しいサービス開発の知見をかけ合わせ、企業や事業やブランドの成長に貢献。日本マーケティング大賞、ACCグランプリ（マーケティング・エフェクティブネス部門）、モバイル広告大賞、東京インタラクティブアドアワード、カンヌ、アドフェストなど受賞。

1-9執筆

吉田 敬（よしだ たかし）

博報堂　マーケティングシステム
コンサルティング局
ビジネスプランニングディレクター

2013年博報堂入社（システムインテグレーター、マーケティング会社を経ている）。流通・小売、自動車、消費財メーカー、通信・メディア、保険など様々な業種を対象にデジタルトランスフォーメーション（DX）構想および統合デジタルマーケティング・CRM戦略を策定。そして、戦略実現のためのマーケティング業務プロセス改善、組織設計、BPO戦略、マーケティングシステム導入、Web・アプリなどのオウンドメディア再構築、データの利活用、PDCAスキーム策定などの実行フェーズまで従事。

1-10執筆

桑嶋 剛史（くわじま たけし）

博報堂　データドリブンプランニング局
コンサルタント

2015年に入社後、通販事業の運営チームを経て、現所属。飲料・食品メーカーを中心としたコンサルティング業務を担当した後、米国Keplerへアナリストとしての短期出向を経て、復職。ECを軸とした、事業全体やデジタルトランスフォーメーションの戦略作成・コンサルティング業務に従事している。

1-11執筆

二木 久乃（にき ひさの）

博報堂　プランニング局部長
ストラテジックプランニングディレクター

2000年博報堂入社。新商品開発、コミュニケーション戦略、事業戦略などに従事。これまで担当してきたブランドや企業はトイレタリー、飲料、自動車、食品、教育、製薬、化粧品など、多岐にわたる。ACCマーケティングエフェクティブネス部門審査員（2018年、2019年）。「Initial Link（イニシャルリンク）」リーダー。

1-12執筆

堀内 悠（ほりうち ゆう）

博報堂　CMP推進局部長
マーケティングプランニングディレクター

博報堂入社以来、マーケティング領域を専門に、自動車市場のエコカー戦略、スタートアップ企業の成長戦略など、各時代のマーケティングテーマに従事。マーケティングへのメディア活用では、自動車・エンタテイメント・地方創生など、生活者データと協働メディアを活用したマーケティングソリューション「カテゴリーワークス」の開発リーダーとして、企業やマーケティングのデジタルトランスフォーメーションに取り組む。近年では、MaaSや5G、IoT領域において、第4次産業化に向けた、公共交通、自動車メーカー、通信キャリア、ITインフラなど、生活インフラ企業の資産を活用した共同ビジネス開発を推進。

1-13執筆

荒井 友久（あらい ともひさ）

博報堂　マーケティングシステム
コンサルティング局部長
チーフマーケティングプランニングディレクター

SIベンダー、メディア企業、外資系コンサルティングファームを経て博報堂へ。様々な企業のマーケティング、サービス、セールスといった顧客接点領域のデジタルトランスフォーメーションを推進する、組織横断型プロジェクトのコンサルティングを行っている。

著者一覧

1-14執筆

多田 敦洋(ただ あつひろ)
博報堂 グローバル統合ソリューション局
ストラテジックプラニングディレクター

入社以来、自動車、トイレタリー、ビューティー、食品などのマーケティング、ブランディング業務を担当。欧州自動車ブランドの日本でのリブランディング業務などで市場成果を創出。2013年〜17年に博報堂の北京拠点にて戦略企画部部長を務め、日系企業の中国でのマーケティング業務を支援。現在は東京にて日系企業のグローバルでのマーケティング業務やインバウンド対策の立案などを担当。戦略やコンセプトの開発だけでなく、広告やイベントの企画、Webサイトやアプリの開発・運用といったエグゼキューション領域まで一貫してディレクションする業務スタイルが特徴。

Column1執筆

牧口 松二(まきぐち しょうじ)
博報堂 マーケティング
プラニング戦略局長代理
チーフマネジメントプラニングディレクター

早稲田大学大学院 商学研究科修士課程修了。営業局、博報堂コンサルティング、プラニング局を経て現職。これまで新規事業戦略、ブランド戦略の策定・実行支援、サービス品質マネジメント、社員意識改革プログラム構築等のプロジェクト業務に関わる。

2-1執筆

徳久 真也(とくひさ しんや)
博報堂 CMP推進局部長
チーフビジネスディベロップメントディレクター

2005年博報堂入社。流通、通信、飲料、食品、自動車、電気機器メーカーなど、50社を超える幅広い得意先のマーケティング・事業戦略立案、統合コミュニケーション戦略立案、ブランディング、商品開発、キャンペーン開発業務などに従事。2019年より現職。データを活用した「マーケティング×テクノロジー×クリエイティブ×ビジネスデザイン」の融合を目指し、新規事業開発に従事。

2-2執筆

西村 啓太(にしむら けいた)
博報堂DYホールディングス
マーケティング・テクノロジー・センター
主席研究員

博報堂コンサルティングにてブランド戦略および事業戦略に関するコンサルティングに従事。博報堂ネットプリズムの設立、某外資系スマートフォンメーカー日本支社CMOを経て、2018年より博報堂DYホールディングスにて事業開発に従事。2019年よりData EX Platform取締役COOを務める。2020年より一般社団法人日本インタラクティブ広告協会（JIAA）にてデータポリシー委員会、Consent Management Platform(CMP) Working Groupリーダーを務める。

2-3、2-4執筆

片岡 遊(かたおか ゆう)
博報堂DYメディアパートナーズ
データビジネス開発局部長
ビジネスデザインディレクター

システムコンサルティング会社、映画会社を経て入社。データサイエンステクノロジーを活用した企業のマーケティング支援およびソリューション開発が専門領域。現在は、博報堂DYグループのデータソリューション開発および国内外テクノロジー企業およびメディア企業、データホルダーなどとのビジネス開発を推進。

2-5執筆

宮腰 卓志(みやこし たかし)
博報堂DYメディアパートナーズ
データドリブンビジネスセンター部長
チーフディレクター

2001年入社以来、20年間、毎日得意先のデータをながめ、効果検証・モデリングなどマーケティングでのデータサイエンス活用を実践。現在はデータサイエンティストチームを率い自動車、飲料から金融、通販、Webサービスまで、ブランドマーケティングもダイレクトマーケティングも、デジタルメディアもマスメディアも、数字と数式からマーケティングに生きるファインディングスを提供している。

2-6執筆

淮田 哲哉 （わいだ てつや）

博報堂 CMP推進局長代理
チーフビジネスディベロップメントディレクター

博報堂のフィロソフィーである生活者発想を軸に、デジタルやデータを活用したマーケティング領域の戦略マネジメント、事業開発、デジタルトランスフォーメーション、グローバル展開を担当。自動車、IT、精密機器、エレクトロニクス、EC、化粧品業界を中心に、デジタルシフト、データ分析、組織変革など、マーケティングの高度化を支援。中国駐在経験もあり、アジア、中国、インドのデジタル動向にも精通。海外広告賞審査員も行う。

2-6執筆

林 政博 （はやし まさひろ）

博報堂 CMP推進局部長
マーケティングプラニングディレクター

1997年博報堂入社。情報システム部門、対得意先向き合いのインタラクティブ部門、CRM専業子会社への出向など、入社以来常にシステム、デジタル、データに関わる業務に従事し、現在はグローバルでのクライアントのマーケティングスタック構築の支援や博報堂現地拠点のマーケティングシステム基盤強化を担当している。

Column2執筆

中村 信 （なかむら まこと）

博報堂 CMP推進局長
エグゼクティブマーケティングディレクター

1999年博報堂入社。様々なクライアントの事業・商品開発やキャンペーン戦略に従事。特に、統合情報戦略に関する業務を多く担当し、マスからWebまで一貫したコミュニケーションをデザインしてきた。現在は、CMP推進局（CMP：Customer Management Platform）で、デジタル、データ、システムを活用したマーケティングに従事している。

Epilogue執筆

岩﨑 拓 （いわさき たく）

博報堂 執行役員
マーケティングプラニングユニット長

1987年博報堂入社。マーケティング局において、幅広い業種のブランド戦略、マーケティング戦略を担当。2002年、リサーチ&コンサルティング局において、マーケティングソリューション開発と数多くのクライアントの事業・ブランド戦略・商品開発に従事後、2010年に3プラニング局長、2016年MD統括局長を経て、2019年より現職。日本マーケティング協会、日本広告業協会等でマーケティング、ディベート等の講演・セミナー多数。日本マーケティング協会理事。日本成長投資アライアンス・アライアンス委員。慶應義塾大学メディアコミュニケーション研究所非常勤講師。不識塾師範。

© 2020 Hakuhodo Inc.
All rights reserved.
Printed in Japan
ISBN 978-4-296-10743-8

超図解・新しいマーケティング入門

〝生活者〟の価値を創り出す「博報堂の流儀」

2020年11月10日　第1版第1刷発行
2024年3月8日　　第1版第6刷発行

著者	→	博報堂マーケティングスクール
発行者	→	佐藤 央明
編集	→	髙田 学也（日経クロストレンド）
図デザイン	→	髙橋 哲久（博報堂）
発行	→	日経BP
発売	→	日経BPマーケティング 〒105-8308 東京都港区虎ノ門4-3-12
装丁・レイアウト	→	ファントムグラフィックス
印刷・製本	→	大日本印刷株式会社